نحوَ عالَمٍ أكثر عدلًا

نحوَ عالَمٍ أكثر عدلًا

نموذَج مقترَح لإصلاح الأمم المتَّحِدة

رجب طيب
أردوغـــان

ترجمة: نـورا يامـاج

دار جامعة حمد بن خليفة للنشر
HAMAD BIN KHALIFA UNIVERSITY PRESS

دار جامعة حمد بن خليفة للنشر
صندوق بريد 5825
الدوحة، دولة قطر

www.hbkupress.com

Originally published in the Turkish language under the title *Daha Adil Bir Dünya Mümkün*
by Turkuvaz Publishing © Turkuvaz Medya Grubu

الطبعة العربية الأولى عام 2021
دار جامعة حمد بن خليفة للنشر

الترقيم الدولي: 9789927155710

تمت الطباعة في الدوحة-قطر.

مكتبة قطر الوطنية بيانات الفهرسة – أثناء – النشر (فان)

أردوغان، رجب طيب، 1954- مؤلف.

[Daha adil bir dünya mümkün]. Arabic

نحو عالم أكثر عدلاً : نموذج مقترح لإصلاح الأمم المتحدة / رجب طيب أردوغان ؛ ترجمة نورا ياماج. الطبعة العربية الأولى. – الدوحة : دار جامعة حمد بن خليفة للنشر، 2021.

195 صفحة ؛ 22 سم

تدمك: 978-992-715-571-0

ترجمة لكتاب: Daha adil bir dünya mümkün : birleşmiş milletler reformu için bir model önerisi.

1. العدالة الاجتماعية. 2. الإسلام والعدالة. 3. الإرهاب. 4. الإسلاموفوبيا. 5. العدالة الاجتماعية -- الجوانب الدينية -- الإسلام.

6. الأمم المتحدة. أ. ياماج، نورا، مترجم. ب. العنوان.

HM671. A73125 2021

303.372 – dc23

202128317191

تحتلُّ العدالة اليوم صدارة القضايا الأكثر أهمية في كل أنحاء العالَم، في حين نجد -ويا للأسف- المؤسسات المسؤولة عن إقامة العدل العالَمي في جمود كبير، ومن ثم فإنه يقع على عاتِقنا في عصرٍ فُقِدت فيه الرحمة مسؤولية أن نكون الممثلين للعدل وصوت الضمير.

نتناول في هذا المؤلَّف الذي كتبناه بشكل مستقل وبالتفصيل سعيَ تُركيا الدؤوب للعدالة مِن أجل البشرية جمعاء، ونكشِف عن الظلم والتمييز العنصري وازدواجية المعايير في العَالَم في نموذج الأمم المتحدة، لافتين الانتباه بشكل خاص إلى ضرورة إجراء إصلاح شامل لمجلس أمنٍ «يخدم مصالح البلدان الخمسة التي تتمتع بحق النقض فقط». ونشير إلى المعضلات السياسية العالمية، لا سيما الظلم العالَمي وأزمة اللاجئين والإرهاب الدولي ومعاداة الإسلام. ونتناول قضايا شرعية الأمم المتحدة ووظيفتها وفعاليتها وشمولها وتمثيلها وحوكمتها. إضافة إلى ذلك نركِّز على إمكانية إنشاء عالَم أكثر عدلًا مع مُقترَح إصلاح مبدئي استراتيجي شامل وقابل للتطبيق مِن قِبل الأمم المتحدة، يضمن العدل ويلغي امتياز حق النقض.

تأسست الأمم المتحدة بعد الحرب العالمية الثانية لتكون ضمانًا للسلام العالمي، لكن الوضع الذي بلغته -للأسف- يكشف عن أنها ابتعدت عن تأمين توقعات السلام والرفاهية للإنسانية، وتحولها إلى بنية تضمن مصالِح الأقوياء

دونِ بقية العالَم، فبينما وقفت الأمم المتحدة موقف المتفرِّج على الظُّلم في البوسنة والهرسك وأفغانستان والعِراق وليبيا وسوريا، لم يعاقِب القانون الدولي قط ممارساتِ إسرائيلَ الظالمة، ولو كان مجلس الأمن ذا بنية يمثِّل من خلالها العالم أجمع بشكل عادِل لما وقَع الظلم والدمار إلى هذه الدَّرجة.

إن مِن أهم مشكلات العالم اليوم هو الموقف المنافق البعيد عن الصدق تجاه المنظمات الإرهابية التي تهدد الدول والاستقرار العالَمي. ومِن الواضِح أنَّه ما دام هذا الفَهم المشوَّه، الذي وصل إلى طلب العون مِن المنظمات الإرهابية، قائِمًا رغم كل هذه الآلام، فلا يمكن خوض كفاح عالَمي فعَّال ضد المنظمات الإرهابية، ولا يمكن حلُّ أي مشكلة إنسانية.

والصعود المتنامي لمعاداة الإسلام أو بالأحرى عداء المسلمين، في الغرب، يكشِف أنه لم يتم استخلاص أي درس من الآلام التي بلغت حدَّ المذابح بحق المسلمين في الماضي. وحِمايةُ هذه الممارسات المعادية للإسلام مِن قِبل الدولة في بعض البلدان، ومحاولة إضفاء الشرعية عليها مِن خلال القوانين، حقيقةٌ تشير إلى خطورة التهديد الذي نواجهه.

كذلك فإنَّ اتخاذ الأمم المتحدة تدابير وخطوات في هذه القضية الحياتية شرطٌ مِن أجل السلام العالَمي وأمنِ البشرية، غير أنَّ هذا الأمر لا يبدو ممكنًا في ظل البنية الإشكالية الحالية للمنظمة. ولا يمكن حلُّ مشكلات اليوم بمؤسسات تشكَّلتْ وفقًا لاحتياجات الماضي، بل إن إنتاج هذه المؤسسات لمشكلات جديدة واضح جدًّا.

إنَّ ثلاثة أرباع سكَّان العالم، وَفقًا لِبنية مجلس الأمن الحالية، لا يملكون صلاحية ولا تأثيرًا، فلا يمكن ترك مصير ثمانية مليارات نسمة لرحمة وجشع ومصالِح وأهواء خمسة بلدان غير خاضعة للمساءلة، وهذا الوضع غير عادِل ولا مستدام.

والعدالة في مفهومِنا هي التي ستؤمِّن نظام العالَم وخلاصه وسعادته، وهناك حاجة ماسَّة إلى نظام عالَمي يمنح الأمل والثقة بعالم أكثر عدلًا. ونحن نعتقِد أنَّ أرضية الأمم المتحدة -رغم كل نقائِصها- تشكل فرصة مهمة في هذا المجال إن خضعتْ للإصلاحات اللازمة. ونحن -الدولةَ التركية- نكرر دعوتنا في كل فرصة لإجراء إصلاح شامِل في هيكل وعمل الأمم المتحدة، وعلى رأسها مجلس الأمن. وإلى حين إنشاء نظام يكون فيه صاحِب الحق قويًّا لا القوي على الحق، سنستمر في قولنا: «إن العالَم أكبر مِن خمس».

رجب طيب أردوغان، 2021.

المحتويات

الفصل الثاني

نحوَ عالَم أكثر عدلًا

نموذَج مُقتَرَح لإصلاح الأمم المتحدة

المقدمة

أضحى اجتماع الهيئة العامة للأمم المتحدة الخامس والسبعون في ظِل وباء فيروس كورونا العالَمي نقطة تحوُّل تاريخية في غاية الأهمية مِن حيث إعادة التفكير في وظيفة المنظمة في نِطاقِها العالَمي. في هذا الصدد كَان مِن المهم للغاية انعقاد اجتماع الأمم المتحدة في سبتمبر/أيلول 2020 تحت شِعار «مكافحة كوفيد-19 والتعددية»، وقد أعرَبنا -نحن الدولة التركية- مرة أخرى عن التزامنا بعهدنا في هذا الموضوع، وأكَّدنا أننا عازِمون على دعم الكفاح العالَمي ضد كوفيد-19.

إننا -نحن المجتمع الدولي- نمر بوقت عصيب، وقد واجهنا قبل الوباء كثيرًا مِن القضايا الرئيسية التي وجدت الدولُ وكذا المجتمع الدولي صعوبة في التعامل معها، وكانت هناك حالة من الغموض على نطاق عالَمي لسنوات عديدة. ومِن الواضح أنَّ التغلُّب على تدهور البيئة الأمنية العالَمية، وتزعزع الاقتصاد، والعديد من المشكلات المتعلقة بالتنمية البشرية العالَميَّة أصبح صعبًا. وقد شكَّلت جائحة كورونا العالمية تحدِّيًا ذا نِطاق أوسع للغموض الذي تسببه المشكلات القائِمة. وبهذا المعنى استحوذ الوباء على العالم في وقت يعاني فيه صعوبات في مواجهة تحدِّيات متنوِّعة. كذلك فإن مفهوم العولمة والنظام الدولي القائم على القوانين وفهم التعددية وتطبيقاتها التي يدور حولها الجدل منذ زمن بعيد إلى الآن؛ أصبح الآن في ظل تأثير الوباء موضع تساؤل أكبر.

لقد رأينا أنَّ العولمة لم تكن ظاهرة وفترة غير محدودة، وشهِدنا مع تفشِّي الوباء مزيدًا مِن الانتهاك للقوانين الدولية التي صارت تفقد فعاليتها

تدريجيًّا، وشهِدنا التضحية السريعة بالآليات الدولية مِن أجل مصالح دولية مستقلة. ولا تقتصر مشكلاتنا على هذه الأمور فقط، إذ إننا نمر بعصر أخذتْ المصلحة العامة العالَمية تُنسى تدريجيًّا، وتختزل القيم العالمية للإنسانية في حضارة أو ثقافة واحدة. ومن ثم فعِند النظر إلى الصورة الماثِلةِ أمامنا علينا تقييم الجانب الممتلئ والجانب الفارغ من الكأس بدِقَّة وصِدق.

يشتمل الجزء الفارغ مِن الكأس على المشكلات التي تعانيها المنظمات الدولية متعددة الأطراف، وفي مقدمتها الأمم المتحدة، وفي كل ركيزة مِن ركائزِ آليات الحوكمة العالمية تحديات واسعة النطاق ولا بد مِن أخذِها على محمل الجد. فالحوكمة العالمية تواجِه تحديات معقَّدة غير مسبوقة في السياسة والاقتصاد والأمن والتغيرات المناخية، وغيرها من القضايا الحَرِجة الأخرى التي تخصُّ مصير جميع الدول والمجتمعات. وقد أدركنا مرة أخرى مدى عدم فعالية الآليات والأنظمة العالمية القائمة في إدارة المشكلات متعددة الأبعاد التي يسببها وباء كورونا، وخاصة في مجال الصِّحة العالمية، حتى إنَّ إدراج الوباء في أجندة أعمال مجلس الأمن، الذي يعدُّ أهم عضو في صنع القرارات في الأمم المتحدة، استغرق أسابيع بل عِدة شهور، وظهر في بداية الوباء مشهد يتراءى فيه كيف تُرِكت البلدان لشأنِها ومصيرها.

لا تقتصر مشكلة الحوكمة العالَمية على عدم فعالية الأمم المتحدة فحسب، فكثير مِن المنظمات الدولية الأخرى التي تميَّزت بالتعامل والتغلُّب على المشكلات العالمية -بغضِّ النظر عن الأمم المتحدة- أخفقت أيضًا في اتباع عملية حوكمة فعالة خلال وباء كورونا، ولم تنجح في الحد مِن آثار الأزمة باتِّخاذ تدابير عاجلة في المشكلات الناجمة عنها، ولم تُبادِر منظمة الصِّحة العالمية إلى التحرُّك المبكِّر بشأن الوباء، ولم تتمكَّن من تحذير المجتمع الدولي على نحو فعَّال.

لا يمكن ترك مصير البشرية لِأهواء عدد محدود مِن البلدان في عصرٍ يواجِه فيه العالَم مشكلات جسيمة. ولا بدَّ أولًا مِن مراجعة أفكارنا ومؤسساتنا وقوانيننا من أجل الحد من تدني الاحترام بين المنظمات الدولية. كما ينبغي علينا تقديم إطار فكري جديد يرنو لحلِّ المشكلات، تتمركَز فيه العدالة دون الخروج عن الواقع الحالي للنظام العالَمي، ويجب علينا فيما بعد تعيين خارطة طريق واقعية مع التركيز على مُدَّة مِن شأنها هيكلة مؤسساتنا وقوانيننا.

يجب أن يستند الإطار الفكري الجديد إلى فِكرة التعددية القادِرة على وضع القضايا والمشكلات في أجندتها حال حدوثِها، وعلى إنتاج حلول فعَّالة واسِعة النِّطاق. وما نحتاج إليه مِن أجل إنشاء نظام دولي يعمل على نحو أفضل هو إعادة هيكلة المؤسسات الدولية القائِمة حاليًّا على محور التعددية. ولا تكون التعددية الفعالة ممكنة إلا مِن خلال وجود مؤسسات متعددة الأطراف يمكنها أن تكون شاملة، ومن ثم علينا البدء بإعادة هيكلة مجلس الأمن، والتنفيذ السريع لإصلاحات شاملة مجدية، ويجب علينا أن نجعل مجلس الأمن في هيكلٍ وآليات أكثر فعالية وديمقراطية وشفافية وخضوعًا للمساءلة، وفي الوقت نفسه علينا أيضًا تعزيز الجمعية العامة للأمم المتحدة التي تعكس الضمير المشترك للمجتمع الدولي.

يمكن أن تكون الخطوات المذكورة ثورية نحو التعددية المتَّصِفة بالفعالية لا الشكلية، وقد يكون الغد متأخرًا جدًّا إن لم نضع المشكلات التي نواجهها على جدول أعمالنا بطريقة أكثر واقعية وجدية دون إضاعة الوقت.

أما النصف الممتلئ من الكأس فيتمثل في استمرار قدرة الأمم المتحدة على توفير إمكانات كبيرة في مساعيها مِن أجل تحقيق السلام والعدالة والرفاهية للبشرية.

”لا يمكن ترك مصير البشرية لأهواء عدد محدود من البلدان في عصرٍ يواجه فيه العالم مشكلات جَسِيمة.

يجب علينا العمل على استخدام المؤسسات والآليات القائمة لدينا مِن أجلِ التعاون متعدد الأطراف بأكثر الطرق فاعلية، آخذين في الحسبان عدَم تغلُّبنا بعدُ على الأزمة التي تسببت بها جائحة كوفيد-19، فحين تكون المشكلات عالَمية لا يمكن للحلول المحلِّية إلا أن تكون آنية الفائدة؛ ومن ثم علينا أن نؤكِّد دائمًا ضرورة التضامن الدولي لتحقيق حلول طويلة المدى، وجعلِه شعارًا لأنفسنا في جميع الأزمات العالمية. ويجب علينا إنشاء خارطة طريق لإعادة هيكلة مستدامة تتمركزُ فيها العدالة العالَمية، وذلك مِن أجل تأمين السلام والاستقرار والأمن العالمي.

تعد الأمم المتحدة من أكثر المنصَّات فعالية لتحقيق تعددية الأطراف التي ستَنشأُ بشكل فعَّال، لكننا نقف قُبالةَ قضايا حرجة للغاية، وعلى هذا فإن على الأمم المتحدة اتخاذ خطوات أقوى مِن أجلِ تأسيس فعاليتها وسلطتها المتآكلة، وإعادة الهيكلة الشاملة، وذلك بالتركيز في المقام الأول على هذه القضايا.

لا يمكن حل المشكلات بحبسها في مناطقها وتجاهلها فقط، ففي الأزمة السورية مثالٌ صارخ على هذا الأمر؛ إذ لا يزال النِّزاع الذي دخل عامه العاشر في سوريا يشكل تهديدًا لأمن منطقتنا واستقرارها. إننا نواجه أزمة قُتِل فيها مئات آلاف المدنيين، واضطر الملايين إلى الرحيل مِن سوريا، وانعدمتْ البنية التحتية والاقتصادية بشكل شبه كامل. ولا يمكن النظر إلى سوريا، التي كشف فيها الإرهاب عن أقذر وجه له اليوم، إلا على أنها مأساة في تاريخ البشرية الحديث. وتركيا اليوم بصفتها الدولة التي وجهت الضربة الأولى والأكثر خطورة لمنظمة داعش الإرهابية، تواصل صِراعها اليوم في المنطقة ضد منظمة (YPG-PKK) الإرهابية بهدفِ عدم تسليم سوريا للإرهاب اليوم. ولا يمكننا -نحن المجتمع الدولي- إيجاد حل دائم للقضية

السورية دون تبنّي الموقف المبدئي نفسه، واتخاذ موقف حازم ضد جميع المنظمات الإرهابية. وهذه المُبادرة ضرورية أيضًا لضمان العودة الآمنة والطوعية إلى سوريا، وإلا فستتولَّد مشكلة لا يمكن إصلاحها لمدة طويلة في الشرق الأوسط.

تستضيف تركيا على أراضيها منذ سنوات ما يقارب أربعة ملايين لاجئ سوري، وتعمل على تلبية جميع حاجاتهم، ونعمل كذلك على تلبية حاجات السوريين في مواقعِهم، وفي مقدمتها المواقِع القريبة من حدودنا، والمناطق التي تقع تحت سيطرتنا، وكل هذه الأنشطة نقوم بها بإمكاناتنا الخاصة ودعم شعبنا دون دعم ملحوظ من المجتمع الدولي والمنظمات الدولية.

يجب أن يكون حل النزاع في سوريا على أساس خارطة الطريق الواردة في قرار مجلس الأمن الدولي رقم 2254 من أولوياتنا جميعًا، ولِهذا يجب أن تنتهي المرحلة السياسية التي بدأت تحت رِعاية الأمم المتحدة ويتبناها ويديرها السوريون بنجاح. ولا يمكن لسوريا أن تتوصل إلى سلام دائم مع حِماية وحدة أراضيها ووحدتها السياسية إلا بهذه الطريقة، ونحن عازِمون على حماية وحدة سوريا السياسية ووحدة أراضيها حتى يتحقق هذا الهدف.

إن الدول التي تستضيف اليوم أكبر عدد من اللاجئين في العالم مثل تركيا، تنقذ بتضحياتها كرامة البشرية جمعاء، وعلى العكس مِن هذا فإن دولًا أخرى، من بينها بعض الدول الأوروبية، تنتهك، للأسف، حقوق اللاجئين والمهجَّرين، وقد حان الوقت لاتخاذ الأمم المتحدة موقفًا حازمًا تِجاه هذه الانتهاكات التي تقوِّض اتفاقية جنيف والنظام الدولي لحقوق الإنسان.

أما القضية المهمة الأخرى إلى جانب المشكلات الأخرى التي لم يتم حلها بعد، والتي يتعين علينا التكافُل معًا لحلها، فهي قضية التغيرات المناخية، التي تظهر كيف يمكن للتدخل البشري في توازن الطبيعة أن يُولِّدَ

عواقب وخيمة. لا بد أن تحتل التغيرات المناخية مكانةً مهِمَّة بين أولوياتنا التي يجب عدم تجاهلها في عصر يتوجَّه فيها الاهتمام إلى النزاعات ومنافسة القوة والحروب التجارية، ويجب على المجتمع الدولي اتخاذ موقف مشترك بشأن هذه القضية، وتناولُها بصفتها أهم قضية للحوكمة العالمية من أجل سلام وأمان الأجيال القادمة.

يواجه الفهم الحالي القائِم للإدارة العالمية العديد من المشكلات؛ ولهذا السبب فإن على الأمم المتحدة إعادة النظر في موقفها بوصفها جهة فعَّالة نشطة في جميع الأمور، والتوجُّه نحو عملية من شأنها إعادة تأسيس سلطتها. ونحن مضطرون إلى إيقاف هذا المسار السيئ وتحويلِه إلى الاتجاه المعاكس. وإن تركيا تدعم هذا النضال بصدق، وتفِي بالتزاماتها، على الرغم من أن مسؤولياتنا التاريخية في النقطة التي تم الوصول إليها قليلة لا تكاد تذكر. وقد استضفنا مؤخرًا مؤتمر الأطراف في اتفاقية الأمم المتحدة لمكافحة التصحر، وقمنا بتعاون مثمر مع العديد من المناطق والبلدان، وعلى رأسها أفريقيا، وسنستضيف لاحِقًا المؤتمر السادس عشر للأطراف في اتفاقية التنوع البيولوجي الذي سيعقد في عام 2022.

أود هنا لفتَ انتباهكم إلى مشكلة تهدد البشرية ولكنها لسبب ما تعد غير مرئية؛ فقد وصلت العنصرية وكراهية الأجانب ومعاداة الإسلام ودعوات الحِقد إلى أبعاد وخيمة، وقد ازدادت كراهية الأجانب والعنصرية في مرحلة جائحة كورونا، مع ازدياد أعمال العنف ضد المستضعفين، لا سيما المهجَّرين واللاجِئين، والمسلمون هم الفئة الأكثر عُرضة لِمثل هذه النزاعات الخطيرة التي تتغذى على التعصب والجهل. ويأتي في مقدمة المسؤولين عن هذا المسار الخطير الساسةُ الذين يلجؤون إلى الخطابات الشعبوية لِحصدِ الأصوات والفئات المهمشة التي تجعل خطاب الحِقد والكراهية مشروعًا،

مستغِلَّة حرية التعبير. ومن ثم فإن تركيا تدعو جميع المنظمات الدولية عاجِلًا إلى اتخاذ خطوات ملموسة أكثر في مكافحة هذه العقلية.

نكرر دعوتنا الأمم المتحدة إلى إعلان يوم الـ 15 مِن مارس «اليوم العالَمي للتضامن ضد معاداة الإسلام»، وهو يوافق الذكرى السنوية للهجوم الإرهابي على المسلمين في نيوزيلندا. وقد اعترفت منظمة التعاون الإسلامي، ثاني أكبر منظمة دولية بعد الأمم المتحدة، بِهذا اليوم رسميًّا.

يتسبب الوباء وما يرافقه مِن الأزمة الاقتصادية المتصاعدة في آثار سلبية على صعيد التنمية المستدامة وأهداف 2030. وبهذا فإنَّ البلدان النامية والبلدان ذات الدخل المنخفض هي الأكثر تضررًا مِن هذه الأزمة. وفي الواقع أنَّ ما حدث خلال حقبة الوباء أثبت أن أهداف التنمية المستدامة يمكن أن تكون دليلًا مهمًّا في مكافحة جميع أنواع الأزمات العالمية. كما يجب علينا الاستفادة مِن القوة التحويلية للرقمنة أثناء تصميم الوصفات الاقتصادية للخروج من الأزمة. لكن علينا ألا نسمح أبدًا بإنشاء الرقمنة بطريقة تتيح سيطرة شريحة معينة. وكما أننا ندافع عن العدالة في السياسة العالَمية، علينا كذلك أن نجعل العدالة في مركز ظاهِرة الرقمنة.

مِن المؤكَّد أن علينا الاصطفاف في مواجهة الوباء، إلا أننا مضطرون إلى الاصطفاف في مواجهة جميع الابتلاءات التي تُهدِّد المجتمع الدولي بالنضال المشترك والتعاون الدولي.

يجب أن ننظر إلى الوباء على أنه فرصة، وأن نتخذ خطوة نحو عملية إصلاح جديدة من شأنها إرساء العدالة العالمية.

المدخل

لقد بذلتُ، بوصفي رئيس الجمهورية، جهدي للوفاء بالوعود التي قطعتها على نفسي للشعب التركي منذ اليوم الأول لتسلمي المنصِب. وإن فهمنا للسلام والعدالة والسياسة الخارجية التي تدور على القيم لم يبق مجرد خطاب؛ بل اكتسى اللحم والعِظام وأصبح حيًّا في كثير مِن المناطق؛ من سوريا إلى فلسطين، ومن العراق إلى الصومال، ومن ليبيا إلى ميانمار، ومن البلقان إلى آسيا الوسطى، حيث أضحتْ تركيا نتيجة لجهودنا الدولةَ التي تقدم أكبر قدر من المساعدات الإنسانية في العالم مقارنة بإجمالي ناتجها القومي. واستضافت تُركيا ملايين اللاجئين مِن سوريا والعِراق دون تمييز بين أعراقِهم ولغاتِهم ومعتقداتِهم في وقتٍ أغلقت فيه أكثر دول العالم تقدمًا أبوابها أمام المضطهدين الفارين من الحرب والجوع والإرهاب.

حدث كل هذا في وقت ظهرت فيه انكسارات مُهِمة في النظام الدولي، وتحركت فيه خطوط الصدع السياسية والاقتصادية والاجتماعية والثقافية في كل أنحاء العالم. وفي ظل تداعيات الأزمة الاقتصادية العالمية المحسوسة التي ما زالت مستمرة في تأثيرها منذ عام 2008، يتزايد الفقر والخلل في توزيع الدخل والمنافسة على موارد الطاقة مع مرور الأيام.

لقد زعزعتْ جائِحة كورونا، التي نجم عنها الانكماش الاقتصادي العالَمي، أكبر الاقتصادات مِن الأعماق، وأصبحنا نشهد الانتقال مِن عصر المنافسة الاقتصادية إلى العصر المسمى بـ«الحروب التجارية». وقد تسببت سياسات القمع والعنف التي تمارسها الإدارات الحالية في العديد مِن بلدان

الشرق الأوسط والمناطق الأخرى ضد مواطنيها في إحداث دمار خطير وتوترات اجتماعية، ولا تزال مستمِرة في ذلك، كما أنَّ سياسات القهر والتهميش توفر أرضية صالحة للاستغلال من المنظمات الإرهابية، ونحن نرى أن المنظمات الإرهابية، مثل داعش والقاعدة، قد تشعَّبت في مناطق جغرافية أوسع، ووصلت إلى أبعاد تهدد البشرية جمعاء بالعولمة. بالإضافة إلى ذلك تتزايد موجة الإرهاب العنصري والعداء للإسلام التي تستهدف المسلمين في أماكن العبادة ابتداء من أوروبا وحتى نيوزيلندا. وفي عهدٍ يتصاعد فيه الإرهاب على نطاق عالمي، فإننا في تركيا نعد أنفسنا دولةً تقع عليها مواجهة السلبيات الناجمة عن عدم الاستقرار الإقليمي، وكذا التهديدات المنبثقة عن المنظمات الإرهابية المختلفة.

وقد انضمَّ تنظيم داعش ومنظمة (YPG) الإرهابية إلى التنظيم الإرهابي الانفصالي الذي نقاتله منذ أكثر من 30 عامًا نتيجة ضعف وانهيار إدارة الدولة في سوريا خلال الحرب الأهلية.

وأهم مصدر للتهديدات الإرهابية في بِلادنا حاليًّا هي سوريا والتطورات الجارية فيها، فمنذ عام 2011 وحتى يومنا هذا قُتل مئات الآلاف مِن الأبرياء في سوريا بصواريخ باليستية وأسلحة كيميائية وبراميل متفجرة على يد نظامٍ يمارس إرهاب الدولة ضد مواطنيه، واضطر ما يزيد على ثلاثة عشر مليون شخص فروا من القمع والعنف إلى الرحيل مِن مساكِنهم ووطنهم، وكذلك شهد العراق موجات هجرة مماثلة بسبب عدم الاستقرار والصِّراعات المستمرة منذ سنوات طويلة، ولا يزال آلاف الأشخاص يُهجَّرون من أفغانستان، والوضع نفسه في أفريقيا أيضًا. فلا يزال مئات الآلاف مِن الناس يرحلون عن دِيارِهم ليصبحوا لاجئين نتيجة عدم الاستقرار الناجم عن بيئة الصراع.

أما القضية الفلسطينية التي ما فتئت تنزف كجرح دامٍ في ضمير المجتمع العالمي منذ نصف قرن، فلا تزال المصدر الرئيسي للتوترات والأزمات في المنطقة بأسرها. وما يزال مئات الآلاف ممن تظاهروا في عام 2011 مطالبين بالديمقراطية والعدالة ولقمة العَيش يتعرضون للمزيد من القهر والألم والظلم، فضلًا عن الوصول إلى الأهداف التي يطالبون بها منذ السنوات العشر الماضية.

ومهما كان الوضع الرَّاهِن، الذي تُسفَك فيه دماء عشرات الأبرياء كل يوم، يؤلِمنا نحن، فإنَّ المجتمع الدولي والمنظمات الدولية، للأسف، تكتفي بموقف المتفرِّج لا غير. والأدهى من ذلك تموضُع المجتمع الدولي والجهات الفعالة عالَميًّا ضد الديمقراطية ومطالب الناس بالعدالة، إضافة إلى إضفاء الشرعية على أولئك الذين يقتلون الأبرياء بوحشية في مختلف أنحاء من العالم، والتغاضي عن العنف بتجاهل القيم العالمية من أجل سياسة الواقعية.

إن القضايا الإقليمية والدولية في يومنا تعجَز عن تأدية مَهمَّتِها بشكل كامل بسبب المشكلات ذات النطاق الواسع التي تواجهها الحوكمة العالمية، وتخفق القيم المزعومة بعالَميتها في توجيه حلول للأزمات الإقليمية على وجه الخصوص. إضافة إلى ذلك فإن المنظمات الدولية التي تشكل العناصر الرئيسية للحوكمة العالمية غيرُ قادِرة على أخذ زمام المبادرة في حل الأزمات وتوحيد الدول. والأمم المتحدة التي يجب أن تكون المرجع الأول لحل المشكلات تعجزُ، للأسف، عن اتخاذ موقف فعَّال. بل أصبحت الأمم المتحدة، التي تبنت شعار إقامة سلام عالمي، تفقد فعاليتها تدريجيًّا وتتحول إلى منظمة مختلة وظيفيًّا. أما الأسوأ من ذلك فهو تحوُّلها تدريجيًّا إلى منظمة تُتَّهَمُ شرعيتها ويُشَكَّك فيها على مرِّ الأيام. ورغم تعريف الأمم المتحدة نفسها

في اتفاقية تأسيسها على أنها «منظمة عالمية تهدف إلى تأمين العدالة والأمن والتنمية الاقتصادية والمساواة الاجتماعية لجميع البلدان» تبقى عاجزة عن تطبيق واجباتها.

إن الأمم المتحدة، وعلى رأسها مجلس الأمن، معرضة لخطر فقدان وظيفتها ومصداقيتها نتيجة عجزها عن مواجهة الصراعات وحركات الهجرة الجماعية القسرية واضطهاد الأبرياء في مناطِق كثيرة في العالَم، وفي مقدمتها سوريا والعراق.

وفي الواقع أنَّ هذه اللامبالاة ليست مقتصرة على يومنا هذا فحسب؛ فتجاهلها للمجازر التي شهدتها حرب البوسنة في تسعينيات القرن الماضي، وعجزها عن الوقوف في وجه المذبحة الرواندية، مثَّلتْ وصمات عارٍ في تاريخ المنظمة، وهذه الأمثلة السيئة قابلة للتزايد في يومنا هذا.

إن الأحداث التي وقعت في فلسطين وسوريا والعراق وأوكرانيا، وكذا الحوادث الناجمة عن كثير مِن المشكلات الأخرى، تُظهر أن البنية الدولية الحالية غير قادرة على تحقيق العدالة أو إنتاج الحلول، وإننا أمام نظام دولي لا يحمي الضحية من المعتدي، ويتجاهل انتهاكات الحقوق مِن قِبل القوى العظمى، وهذا رأيٌ مشترك بين كثير مِن البلدان في العالم.

ونحن في تركيا نعتقد أنه يجب ألا يستمر نظام الأمم المتحدة في شكله الحالِي، بل يجب إعادة هيكلته وفقًا للظروف الراهِنة اليوم، ونحن نعمل في سبيل هذا الهدف بكل قوتنا، من أجل تأسيس بنية أكثر فاعلية وشفافية ووظيفية وتمثيلًا وخضوعًا للمساءلة، مِن شأنها الإسهام في السلام العالمي والأمن والاستقرار، ونطالب على وجه الخصوص بتغيير جذري في إعادة هيكلة مجلس الأمن التابع للأمم المتحدة، الذي يتمتع بسلطة رادِعة فعلية، مِن أجل إحراز بنية تمثيلية أكثر عدلًا.

وكما أنَّ عصبة الأمم التي تأسست عقب الحرب العالمية الأولى قد أخفقتْ في تأدية مهامِّها ووقفت موقف المتفرِّج من الفترة التي اتَّجهت نحو الحرب العالمية الثانية، فكذلك استمرارية البنية الراهِنة لمجلس أمن الأمم المتحدة قد يقودنا إلى معاناة جديدة ودمار عظيم. ويتعذَّر على مجلس الأمن تحقيق أهدافه التأسيسية دون تنفيذ إصلاح يدور حول إعادة هيكلته، ودون إعادة إنشائِه وفقًا لظروف يومنا الحالي؛ لأن المجلس ببنيته الحالية أضحى يخدم سياسات الأعضاء الخمسة دائمي العضوية فقط، متغاضيًا عن السلام والعدالة العالميَّين.

ولا يمكن لِبنية تتجاهل توزيع القوى العالمية الجديد، والتغيرات في التوازنات الاقتصادية العالمية، ومتطلبات القوى الجديدة المتصاعِدة، أن تحمل النظام العالمي الحالي. في مثل هذه الفترة التي تشهد العديد من النزاعات، من غير المحتمل أن يخرج أي قرار مِن المجلس دون أن يوافق عليه أي من الأعضاء الخمسة دائمي العضوية في المجلس، وهذا يؤخر حل الأزمات، ويسبب المزيد من المآسي الإنسانية.

وعند النظر إلى الأمر مِن حيث القارات نجِد أن الأعضاء دائمي العضوية في مجلس الأمن هم من آسيا وأوروبا وأمريكا. أما مِن ناحية الجماعات الدينية فإن غالبية الأعضاء دائمي العضوية مسيحيون، ولا يُمثَّل المسلمون الذين يُعدُّون مِن الطوائف الدينية المهمة في العالم، ولا أصحاب الاعتقادات الأخرى ذات الأعداد الكبيرة. وليس لمنظمة التعاون الإسلامي، التي تشكل ثلث سكان العالم وتضم 57 عضوًا، أي مكانة أو تمثيل في هذه الآلية المُهِمَّة. أما مِن حيث الجذور العرقية فإن أمم العالم الرائدة مثل العربية والتركية والهندية والإندونيسية والأفريقية ليس لها أي تمثيل في المجلس، فضلًا عن أنَّ الأعضاء المؤقَّتين المنتخبين لمدة عامين ليس لهم رأي مهم في قرارات المجلس.

" إنَّ الأمم المتحدة ورغم تعريف نفسها في اتفاقية تأسيسها على أنها «منظمة عالمية تهدف إلى تأمين العدالة والأمن والتنمية الاقتصادية والمساواة الاجتماعية لجميع البلدان» تبقى عاجزة عن تطبيق واجباتها.

من الواضح أن تأسيس بنية تمنحُ جميع الدول والمجتمعات حق الرأي بوصفها متساوية في إبداء الرأي في المجتمع الدولي، وتعمل على عدم حصرِه في الدول التي تحتل مكانًا في مجلس الأمن، وهم الأعضاء في مجلس الأمن، سيساهم بشكل أكبر في السلام والأمن العالميين. فهناك حاجة إلى أمم متحدة تعكس التعددية الثقافية والتعددية القطبية لضمان سلام عالمي عادل وأكثر استدامة، فالعالم ليس أحادي القطب ولا ثنائي القطب، وليس تحت ثقافة مهيمنة ولا تحت هيمنة ثقافية لعددٍ قليل من الممثلين أصحاب الامتياز. ومِن ثم فمن الممكن إنشاء عالَم متعدد الأقطاب، متعدد المركزية، متعدد الثقافات، وأكثر شمولا وعدلًا، والعنوان الأول لِمثل هذا العالم هو الأمم المتحدة. والطريق المؤدِّي إلى السلام والاستقرار والعدالة والحوكمة العالمية الفعالة إنَّما يعبُر مِن خلال إخضاع الأمم المتحدة للإصلاح.

إن إصلاح الأمم المتحدة، ولا سيما إعادة هيكلة مجلس الأمن، سيتحقق بالتأكيد بتوافق آراء جميع دول العالم. لقد دأبنا في تركيا على التعبير عن مقترحنا في هذا الإطار منذ زمن بعيد، ونعرِضه باستمرار أمام مناقشة جميع البلدان. أما مقترحنا للحل فيقوم على منظور يتمثل في عبارة «العالم أكبر من خمس»، ويرتكز بشكل أساسي على تغيير هيكلية مجلس الأمن التابع للأمم المتحدة وإعادة هيكلتها هي الأخرى، فإعادة هيكلة المجلس بطريقة تمثل القارات والمعتقدات والأصول والثقافات بطريقة أكثر إنصافًا ستكون خطوة ثورية نحو العدل والسلام العالمي.

وفي هذا السياق نقترح أن يكون عدد الأعضاء دائمي العضوية في مجلس الأمن عشرين بدلًا من خمسة بلدان، وندعو إلى إلزامية تحقيق التوازن من خلال زيادة سلطات الجمعية العامة، وألا يكون مجلس الأمن هو المحدِّد الوحيد، ومنح الجمعية العامة بنية خاضعة للمساءلة. كذلك يمكن اقتراح حلٍّ

بديل يتمثل في انتخاب 20 دولة من الجمعية العامة لإدراجها في مجلس الأمن، ومن ثم سيضمن ذلك إمكانية مشاركة جميع البلدان في العالم في آلية اتخاذ القرارات المهمة هذه. إنَّ الشرط الأساسي في نجاح مقترَحٍ يطرحُ موضوع الإصلاح وإعادة الهيكلة هو إزالة نموذج العضوية الدائمة في شكله الراهِن المشروط بالأولوية، وكذا إزالة صلاحيات النقض للأعضاء، التي تعد أحد الأسباب الرئيسية للاحتقان، ففي حال منع دولة واحدة من أن تعرقل النظام بأكمله فإن ذلك يعد تقدمًا كبيرًا في طريق تنفيذ إعادة الهيكلة الشاملة.

إننا ندرك أن انتقاد تركيا لمشكلات النظام العالمي وتقديم مقترحِها بخصوص إعادة هيكلة الأمم المتحدة يزعج بعض الدول التي تفضل استمرارية الوضع الراهن؛ وذلك لأن الجِهات المذكورة آنفًا لا ترغب في تغيُّر التوازنات التي أُنشِئت بعد الحرب العالمية الأولى وأُعطيت شكلها الحالي بعد الحرب العالمية الثانية. وعلى الرغم من جميع التغيُّرات الجذرية التي طرأت على الحياة البشرية والاجتماعية وتوازن القوى خلال 76 عامًا، أي منذ الحرب العالمية الثانية، فإن هذه الجِهات تريد الحفاظ على البنية العتيقة البالِية من أجل مصالحها الخاصة. وذلك رغم أنَّ أساس كثير مِن النزاعات والصِّراعات والظلم الواقع اليوم قائِم على نظام يعتمد على مفهوم يتجاهل حقائق هذا اليوم ويخشى التجديد.

نحن ندرك حقيقة السياسة العالمية، ولا نتوقع حل مشكلات عمرها 100 عام دفعة واحدة، كما أننا ندرك أن تحقيق السلام في نطاق عالمي والتعايش السلمي للبشرية جمعاء لن يكون ممكنًا بإصلاح يُطبَّق في محور الأمم المتحدة فحسب. ولا يمكن أن تستمِرَّ الأمم المتحدة في موقفها الرَّاهِن في مواجهة التغيير في حين يجب عليها أن تكون الضامِن للسلام العالمي وصوت ضمير المجتمع العالمي. وما لم تُتَّخَذ خطوة ثورية نحو

التغيير، فلن يكون حاضرنا في خطر كبير فحسب، بل سيكون مستقبلنا أيضًا كذلك.

يجِب ألا ننسى أنه عاجلًا أو آجلًا سيَبدأ النقاش حول شرعية نظام دولي يعجزُ عن وضع حدٍّ للظلم العالمي والنِّزاعات السياسية والأزمات الاجتماعية والاقتصادية، فإنَّ انعدام الثقة بضمير الأمم المتحدة والمؤسسات والمنظمات الدولية أضر بتوقعات العدالة وأدى بملايين الناس إلى اليأس. وإن مِن أهم مصادرِ تغذية الإرهاب الدولي الذي يُعدُّ مِن أسباب المشكلات التي نواجهها في يومنا هذا هو بيئة معدومة الأمن، إضافة إلى مشكلة الشرعية. وإن ازدواجية المعايير المطبقة على المظلومين، واللامبالاة تجاه قتل الأطفال، لتوفر أيضًا أوكسجين الحياة للإرهاب في جميع أنحاء العالم، ومن الطبيعي جدًّا أن تزدهر المنظمات الإرهابية الخبيثة في مكان غابتْ فيه العدالة.

إننا في تركيا نعبِّر عن هذه الحقيقة المُرَّة بكل بساطتها كلَّما سنحت لنا الفرصة، ونحاول أداء واجباتنا تجاه الإنسانية لا مِن خلال الإشارة إلى التشوهات الموجودة في النظام والمطالبة بالتغيير فحسب، بل إننا نقوم بذلك وفي الوقت نفسه نقدم مساعداتنا الإنسانية أيضًا. وقد بلَغ حجم المساعدات الإنسانية والتنموية الدولية التي قدمتها تركيا ما يزيد على خمسة مليارات دولار، وبِهذا أصبحت تركيا الدولة الأكثر جودًا في العالم من خلال تخصيص 0.79٪ من دخلها القومي للمساعدات الإنسانية. وفي الوقت نفسه نحتلُّ مكانًا بين أكثر البلدان مساهَمة في المنظمات الدولية، مثل برنامج الأغذية العالمي ومجموعة الأمم المتحدة الإنمائية. كذلك فإنَّ لمنظماتنا، كإدارة الوكالة التركية للتعاون والتنسيق (تيكا)، وإدارة الكوارث والطوارئ التركية (آفاد)، والهلال الأحمر التركي، الصلاحية في تنفيذ عمليات المساعدات الإنسانية في أنحاء العالَم أجمع، فنحن نقوم بأداء كل هذه الأعمال بمنهجية شامِلة وواسِعة دون

”هناك حاجة ماسَّة إلى أمم متحدة تعكس التعددية الثقافية والتعددية القطبية مِن أجل ضمان سلام عالمي عادِل وأكثر استدامة.

النظر إلى جنسية مَن نمُدُّ يد العون لهم ولا إلى دينهم أو هويتهم أو مذهبهم. وما نتوقعه من المنظمات الدولية هو العمل وفقًا لِهذا المفهوم. وسنستمرُّ بحزم على موقفنا المبدئي تجاه إيجاد حلول مستدامة للمشكلات التي تواجهها البشرية. وفي هذا السياق سنواصل إصدار دعواتِنا بقوة لإصلاح الأمم المتحدة ومجلس الأمن على وجه الخصوص نحوَ بنية أوسع شمولية وفعالية.

إن المبادئ التي نشارك المجتمع الدولي فيها -في كل بيئة لإعادة هيكلة الأمم المتحدة- والتي أعلناها في محور سياسة «العالم أكبر من خمس»، لم تعد رغبتنا فحسب، بل أصبحت رغبة غالبية البلدان المنضوية تحت مظلة الأمم المتحدة. إننا نؤمن بأنَّ تمثيلنا لِضمير الإنسانية وصوتها من أجل عدالة وسلام عالميَّين متَّصِفَين بشمولية أوسع واستدامة لن يُلحِق الضرر بتركيا، بل على العكس سيزيدها قوة واحترامًا، ونحن عازِمون على الاستمرار في سَيرنا بهذا الشكل في المرحلة المقبلة أيضًا.

ومن أجل تحقيق هذا الهدف، يتناول هذا الكتاب في المقام الأول سبب حاجة الأمم المتحدة إلى إعادة الهيكلة، ويقدم للأمم المتحدة اقتراحًا إصلاحيًّا مبدئيًّا شاملًا وأكثر عدلًا وصلاحية للتطبيق. ومبدؤنا هو طرح موقف ثوري يغير الامتياز الذي يوفره حق النقض تغييرًا جذريًّا، والدفاع عن هذا الموقف، وذلك بالإعراب بصوت مسموع عن أنَّ الديناميكيات الجديدة للنظام العالمي الحالي تجعل استمرارية النظام القديم أمرًا مستحيلًا؛ فلَيس مِن الأخلاق ولا العدل أن تتخذ خمس دول فقط قرارًا بشأن القضايا التي مِن شأنها التأثير في مصير العالم بأسره؛ فالعالم أكبر من خمس دول.

وفي الوقت نفسه يعكس هذا الاقتراح وبشكل مباشر السياسة الخارجية الحالية لتركيا ومنظورها للسياسة الدولية بشكل عام؛ فتركيا تعارض استمرار نظام دولي يحافِظ في وضعه الراهن على مراعاة مصالح الدول الخمس.

إن مِن الممكن إنشاء نظام دولي أكثر عدلًا واستقرارًا.

يقدم الكتاب الذي بين أيديكم مُقترحه الإصلاحي لإعادة هيكلة هيئة الأمم المتحدة، ويُرَكِّز في الأقسام التالية بالدرجة الأولى على التغيير في السياسة العالمية خلال السنوات الأخيرة، فقد حدثت انكسارات مُهِمة في السياسة العالَمية عقِب الحرب الباردة وحتى يومنا هذا، كما يُحلِّل الكِتاب المظالِم وازدواجية المعايير القائِمة في السنوات الأخيرة في النظام الدولي بالتركيز على المشكلات التي نجَمَت عنها هذه الانكسارات.

وفي هذا السياق يعرض الفصل الأول تقييمًا للنظام الدولي الحالي، ويتطرَّقُ في هذا التقييم إلى قضايا الحوكمة العالمية التي تمركزت فيها الأمم المتحدة.

وإذ ليس من المنطقي الشروع في عملية إصلاحية تتعلق بإعادة هيكلة الأمم المتحدة دون إدراك الأزمة التي واجهتها الحوكمة العالمية لسنوات عديدة، فقد تم تقديم منظور تاريخي ومعاصِر يعرِض الأزمات في أيِّ مجالات نشأت ولماذا وكيف نشأت.

أما الفصل الثاني من الكتاب فيُقدِّم اقتراحًا لإصلاح الأمم المتحدة، ومِن الأهمية بِمكان هنا التعرض لماهية المبادئ التي يجب أن يتضمنها الإصلاح حتى يمكن مناقشتها على أرضية متينة. وبهذا المعنى يجب أن تستند إعادة الهيكلة والإصلاح أولًا وقبل كل شيء إلى فلسفة الإصلاح، ويجب أن تكون هذه الفلسفة قادرة على تقديم اقتراح إصلاحيٍّ عادل وشامل ومتمحوِر على الحلول وصالِح للتطبيق. وفي الوقت نفسه يقدِّم هذا الفصل إطارًا حول كيفية تطبيق هذا الإصلاح، وفي أيِّ المجالات، مُركِّزًا على الديناميكيات الأساسية للإصلاح.

والكتاب الذي بين أيديكم إنما هو مبادرة متواضعة يعرِض تشوهات النظام العالمي الراهِن بكل وضوح، ويدعو إلى إخضاع الأمم المتحدة لإصلاح يهدِف إلى إنشاء نظام دولي أكثر عدلًا وسِلمًا واستقرارًا.

الفصل الأول

المعايير المزدوجة في السياسة الدولية وحاجة الأمم المتحدة إلى الإصلاح

إننا نمر بمرحلة تاريخية، حيث إننا نواجه وباء ناجمًا عن نوع جديد من فيروس كورونا أثَّر في البشرية جمعاء، فهو وباء يهدد البشرية كلها دون تمييز بين عرق وجنس ودين. لقد هز الوضع الحالي كلَّ البلدان، صغيرها وكبيرها، وأثَّر فيها مِن الأعماق ودون الاكتراث بقوتها المادية، وبلغَ بسلاسل التوريد العالمية إلى نقطة التوقف، كما تلقى قطاع الطيران الدولي الذي تحوَّل إلى جزء لا يتجزأ من العولمة ضربةً كبيرة. ومن ناحية أخرى يواجه النظام الدولي الراهِن العديد من المشكلات الأخرى، فالذين يتعرضون للظلم منذ عقود، مِن سوريا وحتى ميانمار، يضطرون إلى الرحيل مِن أراضيهم، وذلك بسبب المشكلات البنيوية للسياسة الدولية، وأزمة الحوكمة العالمية التي تفاقَمت مع مرور الزمن، والسياسات الخاطئة للمجتمع الدولي. ونتيجة لِهذا يُولد آلاف الأطفال في مخيَّمات اللجوء في البلاد الأخرى بعيدين عن وطنهم الأم، في حين ترتطم جثث آخرين بالشواطئ في هدوء أمام أنظار المجتمع الدولي. ويُقتل بعض الأطفال بوحشية وهم يلعبون على الشاطئ، ويصبح الأطفال في المدارس، والمرضى في المستشفيات، والمُتعبِّدون في المساجد، هدفًا

للبراميل المتفجرة. يحدُثُ كل هذا في بداية القرن الحادي والعشرين؛ في عصرٍ بلغ فيه تطور التاريخ البشري المعاصر ذروته.

لا يمكن لأحد أن يدَّعي أن العالم الذي نعيش فيه عالَمٌ عادل ومستدام، ولا يمكن أيضًا أن يستمر هذا القدر مِن الظلم إلى الأبد، ومن ثم لا بد لهذا النظام الذي أُنشِئ عقب الحرب العالَمية الثانية على أساس توزيع القوى الدولية في ذلك العصر والمناخ السياسي أن تُعادَ هيكلته لإرساء العدالة العالَمية. إن الطابع المؤسسي الذي يشكل أساس النظام الدولي يتآكل من الأعماق يومًا بعد يوم أمام أعيننا لينتهي به المآل إلى الزوال، كذلك فإن تلاشي مفهوم الأخلاق السياسية للمجتمع الدولي أصبح جليًّا واضحًا على مرِّ الأيام، مثلما يُتجاهل مبدأ الوفاء بالعهد الذي يمتد لمئات السنين مع مرور الأيام. والدول التي كانت في طليعة التوقيع على الاتفاقيات وبناء المؤسسات تتخذُ اليوم خطوات غير مُكترثة بالعقودِ التي وقَّعتها.

وعلى الرغم من أن الدول الغربية هي مؤسِّسة هذا النظام فإنَّها -ويا للأسف- تسعى إلى حصر المشكلات في مناطِق أخرى من العالم، وتضع نفسها موضع المتميز، في حِين يجب عليها مواجهة هذه المشكلات بواقعية. كما أنها تُحاول الهروب مِن المشكلات التي سببتهَا تشوهات النظام الدولي في مناطِق أخرى في العالَم بُغية حماية مصالِحها الشخصِيَّة. إننا نواجه عالَمًا غربيًّا يُنشِئ علاقته بديمقراطية البلاد الأخرى على الخريطة فقط، في حين أنه يؤدِّي بنفسه دور التبشير بالخطاب الديمقراطي. فمِن المستحيل لنظام يتغاضى عن نظام الأسد الذي يستهدف مئات الآلاف من الناس في سوريا بالبراميل المتفجرة وأسلحة الدمار الشامل والصواريخ الباليستية أن يُحقِّقَ السلام والاستقرار العالَمِيَّين.

تتبدى مشكلات هذا النظام، الذي وضعت أساساته في الحرب العالمية

الأولى، في كثيرٍ من العناوين، وأكثرُها إثارةً للانتباه هو استمرار المفهوم الاستعماري والإمبريالي حتى الآن. إنَّ هذا المفهوم لم يُنتِج العدالة ولم يجلب الاستقرار ولم يجِد حلًّا للنزاعات في أي وقت مِن الأوقات، وقد تبدَّى هذا المفهوم الآنف ذكره لأوَّل مرة في الظلم النَّاجِم عن النظام القائم عقب الحرب العالمية الأولى، ومنذ ذلك الوقت وحتى يومنا هذا شكلت الحدود المرسومة بالمِسطَرة في جميع أنحاء العالم، وفي مقدِّمتها الشرق الأوسط، والمُعدَّةِ مِن أجل خِدمة المصالح الإمبريالية للمُمَثِّلين غير الإقليميين، أساس النزاعات الإقليمية والشعور بالظلم.

لقد كانت اتفاقية سايكس بيكو التي عُقدت باتفاق سري تَتطلَّع إلى إقامة نظام يتجاهل أفكار شعوب المنطقة ودولها، وكذا النواحي الاجتماعية للمنطقة وتاريخها، وقد تعذر تنفيذ الاتفاقية لكن العقلية المتجسدة في الاتفاقية استمرت في التحليق طوال تاريخ القرن العشرين كغَيمة سوداء فوق الشرق الأوسط.

وفي القرن الحادي والعشرين ظهرت العقلية نفسها مجددًا، فمعظم المشكلات التي نواجهها في منطقتنا هذا اليوم إنَّما هي من نتاج ذاك النظام وتِلك العقلية، وأضحى هذا النظام مؤهَّلًا لِتهديد أمان الجميع، حيث يضطر الملايين من الذين فقدوا الأمن على أرواحِهم وممتلكاتهم في أوطانِهم إلى الهِجرة القسرية. إن الدول التي رُسِمت حدودها بشكل مصطنع بواسطة المسطرة على الخريطة كنتيجة للعقلية الإمبريالية الجيوسياسية فيما بعد الحرب العالمية الأولى، لتحاول إعادة التصميم من جديد في ظل الحروب الأهلية كاستمرار لنفس العقلية. وإن الدول لتتضعضع واحدة تلو الأخرى، وتتحول هذه الأنظمة المنهارة إلى ثغرات أمنية تؤدي إلى انبثاق التنظيمات الإرهابية. غير أنه لا يمكن النظر إلى الهجرة والإرهاب على أنهما المشكلات

الأمنية الوحيدة التي تهدد هذه المناطق. فبينما يرغب المُهجَّرون في الاتِّجاه نحو الغرب دائمًا نجِد أنَّ الإرهاب الأعمى بدأ في استهداف البلدان جميعها، حيث يتمكن مِن إظهار جانبِه المظلِم اليوم في كِلِّس، وغدًا في إسطنبول، وفي اليوم التالي في كلٍّ مِن باريس وبروكسل ولندن ونيويورك.

لا يمكن للمجتمع الدولي أن يبقى جاهِلًا بالمشكلات التي تسبب الإرهاب، ولا يمكن حل مشكلة دولية إلا من خلال وسائل مناسِبة وأساليب قابلة للتطبيق تكون شامِلة لِجميع أعضاء المجتمع الدولي، وما نحتاج إليه في هذه المرحلة هو امتلاكُ نهجٍ صادق يتماشى مع الضمير العالمي العام، ومن ثم ندعو العالم أجمع، وعلى رأسه الدول الغربية، إلى تعاون صادق لِمكافحة هذه المشكلات العالمية. ولهذا السبب فإن مِن الأهمية بمكان تحويل نظام أمم متحدة عادل وشامل وفعال وعملي وموثوق وخاضع للمساءلة ويعمل بسلاسة، إلى قاعدة أساسية تُحقِّق ذلك.

إنَّ النظام العالمي والنظام الدولي اليوم يواجِه مشكلات تتطلب اتخاذ إجراءات عاجلة. فهذه الأزمة تكمن في الأساس في مشكلة ازدواجية المعايير؛ وذلك بتجاهل بعض المشكلات، كما أن آليات الحوكمة العالمية توشِك هي الأخرى على فقدان وظيفتها. وتظهَرُ أبرز تجليات هذه المشكلة في الهجرة القسرية غير النظامية التي أصبحت قضية عالمية، والحكم السائِد الآن هو حكم بنية تحمي الظالم لا المظلوم، وقد كشفت نتائج الحرب الأهلية في سوريا معضلات النظام العالمي والأمم المتحدة بمجملِها بشكل فاضِح.

فبينما يواصل النظام السوري ممارساته غير المحدودة، وانتهاكاته للحقوق، يُردُّ السوريون الفارون من هذا الظلم عن حدود الدول الغربية، ويفقد آلاف الأشخاص حياتهم في أثناء محاولتهم مغادرة بلادهم وعبور البحار بالقوارب على حساب حياتهم. واليوم أصبح البحر الأبيض المتوسط

الذي كان منبع الحضارات القديمة مسرحًا لِممارسات دولةٍ تُغرِق قوارب لاجِئيها. إن الغرقى في البحر الأبيض المتوسط ليسوا اللاجئين فحسب بل إنسانيتنا وقيمنا العالمية أيضًا، إلا أنَّ ضمير المجتمع الدولي منغلق تمامًا على هذه الحقائق، وليس هناكَ ما يفكرون فيه سوى صدِّ المهاجرين وإبعادِهم.

إنَّ اللاجئين الذين يدخلون أوروبا بطُرق مختلفة لا يلقَون مع الأسف معاملة تليق بالإنسان، وتحوَّل الأمر في أوروبا إلى هدف متصاعِد لمعاداة الأجانب وكراهية المسلمين، فالمسلمون الفارون من الظلم والاضطهاد في بلادِهم يتعرضون للظلم والمعايير المزدوجة في أوروبا أيضًا.

تُعَدُّ تركيا في قائمة أكثر البلدان تضررًا من أزمة اللاجئين القادمين من جارتنا الحدودية سوريا؛ إذ نستضيف على أراضينا ما يزيد على 4 ملايين لاجئ، وهذا الأمر -وقبل كل شيء- واجب إنساني على عاتِقنا، ونحن لا نولي اهتمامًا لمؤهلات الواصِلين إلى حدودِنا ولا لأصولهم أو أعراقهم أو معتقداتهم، إلا أن هذا الوضع قد تحوَّل إلى مشكلة تفوق بكثير قدرة أيِّ بلد على أن يحلَّها بموارِده الخاصة.

إنَّ الدول الغربية على الرغم مِن حديثها المتواصل عن اللاجئين لا تقدم أي اقتراح صريح لِحلٍّ هذه المشكلة، إنهم لا يدركون ضرورة حل القضية السورية من أجل القضاء على هذه المشكلة، ولا يفون بوعود المساعدات الاقتصادية التي قطعوها من أجل اللاجئين. وبينما كنا منذ سنوات نؤكد ضرورة إنشاء منطقة آمنة على حدودنا مِن أجل حِماية هؤلاء الأبرياء، فإنَّ أولئك الذين ضربوا باقتراحنا عُرض الحائط يلجؤون إلى طُرِق غير معقولة لصدِّ موجة اللاجئين. إنَّ الحل المنشود لِهذا ليس في إغلاق الحدود أو نسج الأسلاك الشائكة أو رفع الأسوار؛ إن الحل الأساسي يتمثل في تأمين حياة آمِنة مطمئنة لهؤلاء الناس في أوطانِهم، والعنوان الوحيد لمثل هذا الحل هو الأمم المتحدة.

”لم تنجح الأمم المتحدة أو أي منظمة دولية أخرى في وضع تعريف مشترك ومقبول للإرهاب الدولي.

إنَّ الهجرة القسرية هي واحدة فقط من المشكلات التي نواجهها اليوم، فعِند النظر من زاوية أخرى يظهر بوضوح مواجهة النظام الدولي لأزمة أمنية، وقد عجز النظام الذي أُسس تحت قِيادة الولايات المتحدة الأمريكية بعد الحرب الباردة عن توفير الاستقرار، بل على العكس فقد أحدث أزمة في مناطق كثيرة في العالم، ومن أبرز هذه الأزمات هي الأزمة الأمنية التي نشهدها منذ 11 سبتمبر/ أيلول 2001 وحتى يومنا، وقد ظهرت الأزمة الأمنية نفسها في أشكال عديدة، وفي هذا المعنى يُعد الإرهاب أحد أهم الأزمات الأمنية في عصرنا الحالي.

إنَّ الإرهاب الذي يُعدُّ أحد أهم المشكلات الأمنية في القرن الحادي والعشرين يتصدَّر وبكل وضوح المجالاتِ التي تتجلى فيها المعايير المزدوجة في النظام الدولي. ولا يمكن لأي دولة أن تكون آمنة في عالم انتشر فيه العنف إلى هذا الحد، إلا أنَّ موقِف النِّفاق والوجهَين -للأسف- يلفت انتباهنا في قضية الإرهاب كما هو الحال في قضية الهِجرة. ولقد شاركت الدولة التركية على مدى سنوات طويلة فِكرة ضرورة الاتِّحاد في اتِّخاذ موقف مبدئي حازِم تجاه كل أشكال الإرهاب، إلا أنَّ الدولة الغربية كانت تُركِّز على تقييم الموضوع وفق منظورها الخاص فقط، وأصبح دعم منظمات إرهابية أخرى بذريعة مكافحة منظمة إرهابية أمرًا اعتياديًّا، ومن ثم فإن النفاق القائم تجاه الإرهاب يحتل مكانًا بين أكبر مشكلاتنا في هذا اليوم.

لقد رأينا هذا الأمر مرة أخرى بعد محاولة الانقلاب الغادرة في 15 يوليو/ تموز؛ فالإرهابيون الذين حاولوا الانقلاب في بلدنا وتسببوا في استشهاد 251 شخصًا من مواطنينا، وجدوا ملاذًا آمنًا لهم في الدول الغربية، وكانت أقربُ دولة جارة لنا تتصدَّرُ الدول التي احتضنت مدبِّري الانقلاب، ولم يجِد حلفاؤنا أي مشكلة في احتضان هؤلاء الإرهابيين، مع أنَّ الموقف المشترك والتعاون ضد الإرهاب يتطلب مكافحة كل أشكال الإرهاب.

وبينما امتنع حلفاؤنا الأوروبيون عن استقبال اللاجئين الفارين من البراميل المتفجرة والأسلحة الكيماوية، استقبلوا على أراضيهم الإرهابيين الذين تسببوا في مقتل 251 شخصًا في ليلة واحدة وقدَّموا الحِماية لهم. إن «أصدقاءنا» الذين أعربوا عن إعلانهم الحرب على الإرهاب اليوم لم يترددوا في دَعم منظمة إرهابية لِمحاربة منظمة إرهابية أخرى قائمة في جوارِنا، ولا يزالون مستمرين على هذا الموقف.

لا يمكن القضاء على الإرهاب دون وجود موقف مشترك ضد الإرهاب، ولا يمكن اتخاذ موقف كهذا إلا تحت سقفِ الأمم المتحدة، غير أنه لا يمكن للأمم المتحدة إنتاج حلٍّ ضد الإرهاب الدولي في ظل هذه الظروف، وبهذه البنية، ومع هذه المشكلات.

إحدى أوائل المشكلات المتعلقة بالإرهاب ترتبط بتعريف المفهوم؛ إذ لم تنجح الأمم المتحدة أو أي منظمة دولية أخرى في وضع تعريف مقبول ومشترك للإرهاب الدولي، فلو حدث هذا هل كان بالإمكان أن تعمل الولايات المتحدة، العضو في مجلس الأمن التابع للأمم المتحدة، مع منظمة (YPG) وحدات حماية الشعب الإرهابية في سوريا؟ علينا أولًا تطوير تعريف للإرهاب يتفق عليه المجتمع الدولي، وإن الأمم المتحدة هي مِن أهم المنصَّات المختصة في وضع تعريف كهذا.

أما المشكلة المُهِمة الأخرى المتعلقة بالإرهاب فتتجسَّد في مكافحة الإرهاب إذ إنَّ آليات الحوكمة العالمية تعجزُ عن إنتاج سياسة مشتركة في موضوع مكافحة الإرهاب، ولم تتعَدَّ جميع التصريحات حدَّ الأماني، ولا تزال في طور اتخاذ الإجراءات. كما أنَّ المؤسسات الدولية الفعالة لا تستطيع العَمل بشكل مشترك ولا تستطيع إنشاء آليات لإنتاج الحلول. أما الدول التي ضحَّت بآلاف الأشخاص ضد الإرهاب فتُضطر إلى الصِّراع وحدها في ظلِّ النِّزاعات العالمية.

أما المشكلة المهمة الأخرى التي تتعلق بالإرهاب الدولي فتتجلى في العلاقات بين الدول، حيث تستخدم الدول الإرهاب أداة بعضها ضد بعض، ولا تتصرف بحساسية في موضوع العمل المشترك. وهذا الوضع هو الأكثر خطورة، فلا يمكن القضاء على الإرهاب الدولي ما لَم يُطبَّق مفهوم مشترك وآلية مشتركة ومسار عمل مشترك ضد الإرهاب الدولي.

والأهم من ذلك أننا مضطرون إلى إزالة مسبِّبات الإرهاب، فلا يمكن القضاء على منبع الإرهاب ما لَم تُحلَّ الأزمة السورية. وكلَّما زاد الظلم على مر الأيام في الشرق الأوسط تظل هناك ثغرة مفتوحة لاستخدامها من قِبل المنظمات الراديكالية المتطرِّفة، ولهذا السبب يقع على عاتِق الأمم المتحدة دور مهم.

إن طريق التغلُّب على المشكلات الأمنية الدولية إضافة إلى القضاء على الإرهاب إنَّما يعبُر مِن التعاون الدولي، وعلى الأمم المتحدة أن تكون مركزًا للتعاون الدولي، لكنَّ الأمم المتحدة في غاية البُعدِ عن الإسهام في البحث عن حلول لهذه المشكلات نتيجة هيكلها الحالي. وبغض النظر عن إيجاد الحلول فقد تحول النظام نفسه بحد ذاته إلى مشكلة بسبب الاختلالات في داخلها، وما دامت مستمرة على هذا الحال فإن المشكلات العالمية ستتضاعف، والأسوأ من ذلك هو أنها ستُعمِّق الخطر بين الدول يومًا بعد يوم.

لهذا السبب نقول: إذا أردنا التغلُّب على هذه المشكلات العالمية، فعلينا أولًا أن نفهم بصدق حقيقة أنها تهم الجميع، ونُدرِكَ أنَّ الحل يتطلب التعاون. وإذا أردنا التعاون فعلينا إعادة هيكلة الأمم المتحدة لمعالجة المظالم داخل النظام أولًا.

معضلات السياسة العالَمية

شهِدت السياسة العالَمية في السنوات الأخيرة تغيرًا وتحولًا مهمًّا، وقد تسببت جائحة كورونا العالمية، على وجه الخصوص، في تسريع التحوُّل المذكور آنفًا وزادَت مِن تأزُّمه عما كان عليه سابقًا. ومن ثم فقد أثرت جائِحة كورونا تأثيرًا عميقًا في فترة التحول القائِمة في النظام الدولي منذ نهاية الحرب الباردة وحتى الآن.

بدأ التحول في النظام العالمي في الأصل مع حلول عام 2001، وقد أدَّى الإرهاب الدولي ومكافحة الإرهاب التي بدأت مع أحداث 11 سبتمبر/أيلول إلى تفاقم الأزمة الأمنية وتوسعها على نطاق أوسع، وزعزعة النظام الدولي بشدة، وبدورها أشعلت هذه الفترة التي بدأت باحتلال أفغانستان ثم العراق فَتِيل التطورات التي أثرت تأثيرًا عميقًا على النظام العالمي. هذه الفترة التي حصرت الولايات المتحدة الأمريكية وأوروبا في السياسات الأمنية في الداخل والخارج، أدَّتْ إلى ظهور كساد اقتصادي عالمي مع الأزمة المالية التي بدأت في عام 2008. وبينما كشفت الأزمة الاقتصادية عن هشاشة النظام الاقتصادي العالمي بكل وضوح، فقد أدَّت بدورِها إلى صعود الاقتصادات غير الغربية.

وقد تبعت الأزمة الاقتصادية أزمة الحوكمة العالمية التي بدأت مع حلول عام 2010. وإذا كان نزولُ الشعوب العربية في الشرق الأوسط إلى الشوارع مطالبين بلُقمَة العَيش والعدالة والحرية قد أشعل بصيصَ أمل لمستقبل الشرق الأوسط، فإنه مكَّن الغرب مِن الحصول على أهدافِهم المتركِّزة على مصالِحهم لا مصالِح الشعوب وعلى استمرار الوضع الراهن، وذلك بسبب موقِفهم البعيد كل البعد عن الصِّدق.

وبعد أن أخفق المجتمع الدولي في التغلب على الأزمة الأمنية أولًا ثم على الأزمة الاقتصادية ثانيًا صار يواجه أزمة سياسية عميقة.

فقد واجهتْ القارة الأوربية في هذه الفترة أزمة سياسية يتجلى فيها التطرُّف بكل وضوح. ومِن ناحية أخرى نجِد أن المنافسة الاقتصادية حل مكانها حروب تجارية بين الجِهات الدولية الفاعلة، وبات الإرهاب الدولي يسبب أزمة أمنية أعمق من أحداث 11 سبتمبر/أيلول.

لقد حوَّلت جائحة كورونا وِجهةَ الأزمة الحالية للسياسة العالمية إلى منحًى جديد، وصار النظام الدولي ككل موضع تساؤل. وأصبح سؤال: «ما عاقِبة النظام السياسي؟»، الذي طرح بعد الحرب الباردة، أكثر ترددًا، وعلى هذا ازدادت التكهنات حول هذا الموضوع.

فمَن سيتولى قيادة العالم يا ترى؟ ومن سيكون القوة الرائدة الجديدة؟ ومن سيقود الحوكمة العالمية؟ ليس مِن الممكن إعطاء إجابة كاملة عن هذه الأسئلة، لكن وعلى ما يبدو من الممكن وصف الوضع الجديد للسياسة العالمية. سيُدرَكُ جليًّا أنَّ السياسة الدولية ستظهر بطابع متعدد الأقطاب بعد جائحة كورونا، وسيستأنف المزيد من القوى التأثير في النظام الدولي، وسيبتعد النظام العالمي بشكل كبير عن طابِعه الحالي، وسيخضع لتحول شامل. إلا أنَّ هذا الوضع لن يقضي على المعضلة التي تواجهها السياسة العالَمية، ولهذا السبب نحن بحاجة إلى إعادة هيكلة أكثر شمولًا.

تستمر حالة مِن الارتباك في السياسة العالمية، وتستمر هيمنة الظلم والحروب في كل أنحاء العالم. كما أنَّ القوى العظمى لا تولي اهتمامًا كافيًا بالموضوعات التي لا تتعلق بمصالحها الوطنية، وذلك في الوقت الذي يفقدُ فيه مئات الآلاف من الناس حياتهم في الحروب الأهلية، ويهدد الإرهاب العالم أجمع، ويشهد العالم موجات كبيرة من الهجرة، فضلًا عن تغير المناخ العالمي الذي لا يهدد مناطق معينة فحسب بل يهدد البشرية جمعاء.

لكن البشرية لا تستطيع المبادرة بشكل جماعي للرد على مثل هذه المشكلات الأمنية، بل على العكس تُحجِم كل دولة بشكل خاصٍ عن التقدُّم خطواتٍ باتِّجاه هذه الموضوعات؛ وذلك لأنها تقوِّم حساباتها ضمن إطار مصالِحها الوطنية الضيقة. إنَّ المجتمع الدولي لا يولي اهتمامًا كافيًا حتى بظواهر مثل الهجرة والإرهاب التي تبدو مشكلات إقليمية، رغم أنه مِن المعروف أن لها تأثيرات عالمية، بل من الواضح أنها قد خضعت لتغيُّر كبير من شأنه أن يؤدي إلى صراعات مسلحة دولية. ومع ذلك، يمكننا القول إنَّ كثيرًا من الدول، وعلى رأسها القوى العظمى، لديها مواقف طائشة تجاه مثل هذه القضايا.

إنَّ الحمائية والقومية التفاعلية آخذة في الارتفاع، والحركات المتطرفة آخذة في الصعود في كل الدول تقريبًا، وفي مقدِّمتها البلدان المتقدمة. كما أنَّ القومية لا تُظهِر نفسها في بلدان كثيرة على أنها حب الوطن، بل إنها -للأسف- تتجلى في هيئة الحمائية والإقصائية وكراهية الأجانب. ويزداد العداء الاجتماعي تجاه المهاجرين، وتُستبدل بفكرة الاندماج والتعايش سياسات الاستيعاب أو الرفض بالجملة، وتستسلم الحكومات للشعبوية التفاعلية والإقصائية بدلًا مِن اتِّخاذ خطوات لتخفيف الضغوط الاجتماعية.

إنَّ الأتراك مهمشون في ألمانيا، وكذلك المغاربة في فرنسا، واللاتين في أمريكا، والسود مهمشون في جميع أنحاء العالم.

ثمة رغبة في تصوير المسلمين على أنهم مؤيدون للعنف، وقد أصبح الإسلاموفوبيا يزداد انتشارًا مع مرور الزمن، والسياسيون في عديدٍ من البلدان بعيدون كل البعد عن العقلانية، ويعملون على إشعال فتيل الصراع بدلًا من تأمين السلام والاستقرار الاجتماعيَّين، ويعلو صوت الإقصاء والغضب بدلًا من إيجاد الحلول بالطرق السلمية.

ليست هناكَ فِكرة تقوم على إنشاء نظامٍ أو الحفاظ على الاستقرار، وإنما هناك تغذية للنِّزاع والغضب، ومع أن هذا الوضع غير مستدام، ولا يمكن لأحد أن يتفادَى هذا بدفن رأسه في التراب، ولا يمكن حلُّ هذه المشكلات مِن خلال الانطواء، ولكن أينما ولَّيتم وجوهَكم فستجدون الهروب مِن سياسة المسؤولية وسياسة الشمول.

فعلى سبيل المثال ليس هناك تناول سليم لمشكلات مِثل معاداة الأجانب المتصاعدة في أوروبا، وكذا شعور انعدام الأمن، والأزمات الاقتصادية، والهِجرة، والإرهاب. فما زالت الدول الأوروبية تعتقد أنها ستتمكَّن مِن صدِّ المهجَّرين وَرَدِّهم، وأنها ستستطيع التخلُّص مِن الإرهاب وحدها. لقد أضحت الدول الأوروبية التي ترفض رؤية المشكلات وتعجز عن حلِّها بمفردها مترددةً في إقامة علاقات تعاون حتى مع شريك مثل تركيا؛ إنهم عاجزون عن أخذ زمام المبادرة حتى في مشكلة الحرب الأهلية التي تؤدِّي إلى الهجرة والإرهاب كما في سوريا. وبغض النظر عن أخذ زمام المبادرة فهم ما يزالون يحاولون استبعاد تركيا التي سيحتاجون إلى التعاون معها لمواجهة التهديدات التي قد تنشأ عن هذه الجغرافيا، إنهم عالقون في الأنماط والتصورات الأصولية للماضي بدلًا من تأسيس المستقبل، ولا يقوون على التخلي عن فكرة مناهضة تركيا، على الرغم مِن معرفتهم بمدى الفائدة الجمَّة لِشريك مِثل تركيا في مجالات مثل الإرهاب والهجرة، ولا يقدِرون على اتخاذ الخطوات اللازمة.

انظروا إلى القوى المهيمنة في أوروبا اليوم، مثل بريطانيا وفرنسا وألمانيا، ما المستقبل الذي يطرحونه في المُخيِّلة؟ إننا نرى -بكل أسف- تصاعد اليمين المتطرف مجددًا في ألمانيا، وكذا المجتمع الفرنسي أصبح في حالة غضب من فكرة الاتحاد الأوروبي، وبريطانيا قطعت روابطها بالاتحاد

الأوروبي، والاتحاد الأوروبي الذي كان يحلم لسنوات عديدة أن يكون مؤسسًا للقيم الأخلاقية العالمية والديمقراطية في السياسة العالمية بات يواجه تحديًا كبيرًا. إن مدى تمثيل أوروبا للقيم العالمية أو مدى دفاعها عن هذه القيم هو موضوع آخر للنقاش، لكن مِن المؤسف أنها عاجزة عن الدفاع عن هذه القيم حتى ولو بالكلمات.

والمشكلة الكبرى هي تحوُّل أوروبا إلى منطقة محاسبة جيوسياسية مشابهة لما قبل الحرب العالمية الثانية، حيث وقعت أكثر الحروب الدامية في تاريخ البشرية في هذه القارة. ينبغي على أوروبا ألا تكرر التجربة نفسها، ومن ثم يجب ألا تجرَّ القوميةُ الإقصائية والاقتصادُ الحمائي وكراهيةُ الأجانب البشريةَ إلى مآس كبيرة مجددًا، فمثل هذه الاضطرابات التي يمكن أن تنشأ في أوروبا ستكون لها آثار مرعبة في السياسة العالمية جمعاء، وسوف تقضي على السَّعي مِن أجل السلام والعدالة.

تعرضت أوروبا في السنوات العشرين الأخيرة لهزة قوية بسبب أزمات فادِحة، وقد شهدت إحدى أولى الأزمات عقب 11 سبتمبر، فالمناخ الأمني الذي سببته أحداث 11 سبتمبر في سياسة الولايات المتحدة بدايةً ثم في السياسة الأوروبية على الصعيد القارِّي، لم ينعكس على السياسات الخارجية للبلدان المعنية فحسب، فبعد مدة قصيرة مِن 11 سبتمبر زعزع تنظيمُ القاعدة الإرهابي السياسةَ الداخلية لأوروبا وأَمنَها من جراء استهدافه للعواصم الأوروبية واحدة تلو الأخرى، ونتيجة لذلك طُبِّقت الممارسات الأمنية التي تستهدف المسلمين وتهمشهم في جميع السياسات الأوروبية، ووُضع جميع المسلمين وَصُوِّروا في إطار مليء بالأحكام المسبقة، وتعرضوا للتهميش والعنصرية.

إنَّ الأزمة السياسية التي سببتها هذه الأزمة الأمنية ظهرَت في مناقشات الدستور الأوروبي، فحدَّدوا القيم الأوروبية التي زعموا أنها عالمية على

أساس محور المسيحية لا على أساس المبادئ العالمية، وفشِلوا في ذلك، واختصروا جوهر أوروبا في المسيحية. وتبِعت الأزمةُ الاقتصادية الأزمةَ السياسية. وباجتماعِهما معًا تراءَت أزمة أوروبية أعمق، ووقَعَتْ أوروبا أسيرة أزمة واسعة النطاق في القارة تزايد فيها صعود اليمين المتطرف وكراهية الأجانب والعنصرية.

كما أخفق الاتحاد الأوروبي في الظهور كجهة فاعِلة دولية، ولم ينجح في اتخاذ موقف واضح في أي قضية من قضايا العلاقات الدولية، وفضل تفادِي الأزمة السورية. وعندما وصلت قضية اللاجئين إلى عتبات الدول الأوروبية حاولت على عجل دفع تركيا إلى المقدِّمة، ووقفوا متفرجين عن بُعد في القضية الليبية، وبينما دعم فريق مِن الدول الأعضاء الانقلابيين في ليبيا، دعم الأعضاء الآخرون الحكومة الشرعية.

هذا الوضع يتسبب في حدوث معضلات خطيرة في السياسة العالمية، وقد بدأتْ أوروبا تفقدُ هيمنتها في النظام الدولي وتتحوَّل إلى منطقة تتصارع مع مشكلاتها الخاصة، وباتت أوروبا الانطوائية تنفصِل تدريجيًّا عن السياسة الدولية.

من جهة أخرى تُواصل القوى العظمى الأخرى في العالم نشر الحمائية والتفاعلية، وقد ضربت الولايات المتحدة الأمريكية، التي تزعم ضبطها للتجارة الحرة لعدة عقود، أشدَّ الأمثلةِ قَسوة في الحمائية، ولا شك أن الحروب التجارية التي شنتها على الصين لن تجعل العالَم أكثر ثراء، بل ستجعله أكثر فقرًا، ولن يكون هناك منتَصرون في حرب كهذه، وسيخسر العالم أجمع في النهاية. إنَّ القادة الذين يتظاهرون بتلبية متطلبات فِئة اجتماعية بفضل الحروب التجارية على الرغم مِن عدم قدرتهم على تلبية توقُّعات تلك الفِئة، يجرون بلدانهم والسياسة الدولية إلى كارثة ذريعة.

„ هناك العديد من المؤسسات الدولية التي تعمل بِقَدَم عرجاء في العالم اليوم. لم تكن هذه المؤسسات عادلة بتاتًا، فقد خدمت القوى العظمى وفكرة السعي للهيمنة الدولية.

لقد تولَّت الولايات المتحدة الأمريكية زعامة هذه المؤسسات الدولية على مدار سنوات عديدة، وادَّعت تأمين السلام والعدالة الدائمة على يد المؤسسات الدولية منذ إنشاء عصبة الأمم، إلا أنَّ الولايات المتحدة الأمريكية تنحَّت إلى مسار مختلف تمامًا، وأصبح النهج المهيمن في سياستها هو الانعزال عن السياسة العالَمية. وكما تخلَّتْ عن عصبة الأمم التي قادتْها وتركتها لمصيرها بعد الحرب العالمية الأولى، تتخلى اليوم عن المؤسسات الدولية التي قادتها بعد الحرب العالمية الثانية، وتحاول الرجوع القهقرى مرة أخرى. وإذ قد رأينا جميعًا ما حدث بعد تخلِّيها الأول، فهل من الطبيعي الوقوع في الخطأ نفسه مرة أخرى؟

لم تعد هناك ولايات متحدة أمريكية تدَّعي نظامًا عالميًّا جديدًا عقب الحرب الباردة، بل هناك عالم جديد آخر يشرع في الظهور، لقد أثارت الولايات المتحدة حينها توقعات بأن النظام الدولي سوف يأخذ منحنى ديمقراطيًّا، ومن ثم فإنَّ زيادة عدد الدول الديمقراطية وفق هذا المفهوم من شأنها ضمان السلام والاستقرار العالميَّين. لكننا عندما ننظر إلى الوراء اليوم نرى أن ما حدث هو العكس تمامًا؛ لأنهم استخدموا الديمقراطية بوصفها عصا، واعتقدوا أنهم سيحققون الديمقراطية بوسائل غير مشروعة لا بوسائل طبيعية، وقد كانوا يتبنَّون الفِكرة نفسها عند احتلال العِراق، وحينما تدخَّلوا في أفغانستان اعتقدوا أن تغيير النظام من شأنه أن يقضي على الإرهاب، لكن ماذا حدث؟ لم يؤمَّن الاستقرار الكامل في العراق ولا في أفغانستان، بل على العكس تمامًا اضطروا إلى التعرُّض للمزيد مِن الأسى.

وعلى ما يبدو فإنهم ارتكبوا خطأ مماثلًا في نظرتهم إلى الاقتصاد العالمي أيضًا، فقد دافعوا عن نظام الاقتصاد الليبرالي منذ زمن طويل، وفرضوا مفهومًا يركز دائمًا على المزيد من الكسب بدلًا من التركيز على الجوانب المسببة

للأزمات في النظام الاقتصادي العالمي، أما الآن وعلى الرغم من هذا النظام فلا يتقبَّلون التوازنات الجديدة التي أوجدتها الاقتصادات المتصاعدة، ويرفعون جدران التجارة يومًا بعد يوم. لقد أصبح الحلم الأمريكي على وشك التلاشي والزوال، وجَليٌّ أن هذا الوضع جلبَ معه العديد من المشكلات في السياسة الدولية.

لا تقتصر معضلات السياسة الدولية على هذا، فهناك كثير من المؤسسات الدولية التي تعمل ببطء في العالم اليوم. لم تكن هذه المؤسسات عادلة قط، وقد خدمت على الدوام القوى العظمى وفكرة السعي إلى الهيمنة الدولية، وتُركت الأمم المتحدة، بوصفها الركيزة السياسية لهذه المؤسسات، لأهواء الأعضاء الخمسة دائمي العضوية، والأسوأ مِن ذلك أنها أصبحت مؤسسة مستخدَمة من قبل الولايات المتحدة الأمريكية، وتحوَّلت مؤسسات صندوق النقد الدولي والبنك الدولي، بوصفهما الركيزتَين الاقتصاديتَين والماليتَين، إلى أدوات للسعي وراء الهيمنة. وقد استخدِمت هذه المؤسسات، التي أنشِئت تحت عنوان مساعدة الدول الأوربية للعالَم النَّامي والاستقرار المالي، للتدخل في سياسات الدول النامية واقتصاداتها على نطاق واسع. وعلاوة على ذلك دعَمت منظمةُ التجارة العالمية المصالحَ التجارية للبلدان المتقدمة، وفي مقدمتها الولايات المتحدة الأمريكية. إلا أنَّ الولايات المتحدة الأمريكية ذاتَها ضعَّفَتْ هذه المؤسسات التي تقودها وترعى دعايتها وتستفيد منها أكثر من غيرها ثم أخذت تطلب المزيد، وكلما زادت في طلبها وبادَرتْ للإبقاء على الوضع الراهن هدمت الركائز التي يقوم عليها النظام الذي بنَتْهُ بنفسِها واحِدة تلو أخرى.

لم تعد أمريكا، بوصفها المستفيد الأكبر من التعاون الدولي، تجد ذلك كافيًا، وأصبح المجتمع الأمريكي والسياسيون الأمريكيون يشتكون باستمرار،

ولم تتمكَّن الولايات المتحدة الأمريكية التي شاركت بعد الحرب الباردة في العديد من العمليات العسكرية، سواء بمشاركة الأمم المتحدة أو بدونها، مِن إنتاج أي آثار تُنشِئ نظامًا أو تُحقِّق استقرارًا. فلم يستَرد العراق قواه منذ عام 1991، ولا يستطيع استردادها، وقد غُزي بلدٌ بأكمله بذريعة القضاء على أسلحة الدمار الشامل والسعي لإقامة الديمقراطية فيه، بل إنه تحوَّل إلى بلد تسرح فيه المنظمات الإرهابية بكل حرية، وقُتل مئات آلاف العراقيين في منازلهم نتيجة حرب لم يكونوا طرفًا فيها، ولم يكترث أحد بالعراقيين الذين ماتوا جماعيًّا نتيجة حرب لم يختاروها بأنفسهم، في حين كان موت الجنود الأمريكيين على أجندة الجميع. ليس من الصواب مقارنة ومقايسة الآلام، إلا أن 800 ألف عراقي لم يجدوا مكانًا على أجندة العالم كما وَجد خمسة آلاف جندي أمريكي. وأصبحت أمريكا، التي بدأت الحرب رغم معارَضة العالم أجمع، أكثر دولة تشتكي من نتائج الحرب، وأخيرًا تخلت عن العراق دون إقامة نظام فيه، بانسحاب غير مخطط له في عام 2011، وتحول إلى ميدان تتصارع فيه المنظمات الإرهابية وتتلاطم، ومع ذلك كانت الولايات المتحدة الأمريكية الأكثر شكوى مِن هذا.

لقد رأينا في الحرب الأهلية السورية سيناريو مشابهًا جدًّا؛ فقد كان الحديث في البداية عن دعم إرساء الديمقراطية في سوريا. حينما اشتعل فتيل «الربيع العربي» في العديد من الدول العربية من تونس إلى ليبيا، ومن مصر إلى سوريا، تظاهر الناس في الشوارع طلبًا للديمقراطية والحرية، لكن ما حدث هو التخلي عن هؤلاء الناس في مصر في اللحظة الأكثر حرجًا، وانقسمت ليبيا، وانزلق اليمن وسوريا إلى حرب أهلية، وتحولت سوريا إلى دولةٍ تسرَح فيها المنظمات الإرهابية بِحُرية، وظلت الأمم المتحدة صماء بكماء تجاه كل هذه الأحداث، واختارت الولايات المتحدة الأمريكية نهجَ

دعم الإرهاب ضد الإرهاب في الحرب الأهلية في سوريا بدلًا مِن ممارسة دور عادل ومسؤول. واليوم وتحت عنوان «نحن نحارب داعش» لا تتردد الولايات المتحدة في توفير التدريب والأسلحة لحزب الاتحاد الديمقراطي الإرهابي (PYD) وفرعه العسكري وحدات حماية الشعب (YPG)، ولم تُقدِّم للأسف موقفًا مبدئيًا. وبينما كان السوريون والعراقيون يعانون مآسي الصراعات التي لم يبدؤوها، كانت القوى العظمى لا ترى المشكلة إلا في الإرهاب والهجرة. وكان أكبر ضرر ألحقه تنظيم داعش، الذي ظهر نتيجة ضعضعة سلطة الدولة في هذين البلدين، منصبًا على شعب هذين البلدين، ومع ذلك كانت الدول الغربية هي الأكثر شكوى في ذلك، وتحولت هاتان الدولتان إلى ميدانين للتنظيمات الإرهابية لتصفية حساباتها، واستولت الحروب بالوكالة على هذه المجتمعات، فوقعت في خضم مواجهات لم يختاروها بأنفسهم. ولم يكترث العالم لِهذا الظلم، وكانت الأمم المتحدة عاجزة عن تحقيق أي أمر متوَقَّع منها.

لم يكن هذا الوضع لوحة غير مألوفة لنا؛ فقد شهِدت البشرية ظروفًا مماثلة سابقًا، وكل ما حدث قبل الحرب العالمية الثانية يعيد نفسه، غير أنه استُبدل بالسعي وراء النظام والعدالة النضال من أجل المصالح الضيقة والإقصائية. وفي الوقت الحالي ما زالت مشكلات مثل الهجرة والإرهاب، التي تعد على رأس التهديدات، مستمرة، وأقرب عهدًا بالنظام العالمي. ولكن وراء كل ذلك كانت هناك حلقة مفرغة تبني نفسها. إن التوتر بين الدول، وتنصل القوى العظمى من المسؤولية، يحمِلان مشكلات أكبر، فكل شكل مِن أشكال الصراعات؛ مِن الحروب التجارية والحروب الدبلوماسية وحتى الحروب الاستخباراتية، يؤدي إلى تصعيد التوترات، وهذا التوتر ينتظر الشرارة كي ينفجر، فالأزمات الكبرى في التاريخ ظهرت بهذه الطريقة.

لقد أصبحت التحديات المتزايدة التي تواجه النظام العالمي غير قابلة للإدارة على مر الزمن، ولا يُستبعد بتاتًا أن تتحول في وقت قصير إلى صراعات بين الدول بعد إشراك العديد من الجهات الفاعلة فيها. بعبارة أخرى، إن القضية انتقلت الآن إلى ما هو أبعد من الجهات الفاعلة غير الحكومية والمشكلات الاجتماعية. وإن احتمالية اندلاع شرارة بين دولتين في منطقة واحدة من العالم وتحولها إلى حرب عامة تضطرنا جميعًا إلى التفكُّر والتحرك.

يجب علينا التغلب على هذه المشكلات، ومواجهة التحديات، فإن لم تكن الأمم المتحدة أساسًا لها فأين أساسها؟ وإن لم تنفع الأمم المتحدة هذه الأيام، فمتى ستنفع؟ هل اتخاذ تدابير وقائية صعب إلى هذه الدرجة؟ ألن يجد البحث عن العدل والسلام مكانة على جدول الأعمال العالمي؟

قضية شرعية الأمم المتحدة

تواجه الأمم المتحدة العديد من المشكلات، وأهم تلك المشكلات قضية الشرعية. هذه المشكلة تاريخية مِن جهة، وتتعلق بالمشكلات الراهِنة للأمم المتحدة مِن جِهة أخرى. أما مصدر المشكلة فهو مجلس الأمن التابع للأمم المتحدة، أي أن الأمم المتحدة ومجلس الأمن يواجهان مشكلة الشرعية التي يمكن تصنيفها على أنها قانونية ووظيفية وأدائية. لقد وقَّع مجلس الأمن التابع للأمم المتحدة الكثير مِن القرارات التي مِن شأنها تجاوز السلطات السيادية وخاصة للدول الأعضاء، بعد أن جاوَز المجلس الإطار الذي وضعه في السنوات التي أُسِّس فيها.

لقد كان الهدف من تأسيس الأمم المتحدة منع الصِّراع وتوفير السلام وتأسيس الاستقرار العالَمي، وإن تدخل مجلس الأمن في أية حالة بطريقة تؤدي إلى إزالة السلطات السيادية للدول الأخرى قد حوَّل هذا الهدف إلى قضية معقدة للغاية.

ومن ذلك على سبيل المثال، التدخل في العراق عام 2003، إذ لم يجد مجلس الأمن التابع للأمم المتحدة المصداقية في مزاعم الإدارة الأمريكية بامتلاك العراق أسلحة دمار شامل ودعمها للإرهاب، إلا أن الولايات المتحدة الأمريكية ضربت بقرار الأمم المتحدة عُرض الحائط، وتدخلت في العراق، ولم تتمكَّن الأمم المتحدة من تطوير آلية لمحاسبة الولايات المتحدة على سلوكها هذا.

ينطبق هذا على موضوع الإرهاب والتدخل الإنساني والعقوبات أيضًا، فحتى لو وُجِدت معايير موضوعية للحالات التي تتطلب التدخل الإنساني فإنَّه لم يكن بإمكان الأمم المتحدة ومجلس الأمن تنفيذه.

إننا أمام نظام أمم متحدة عالق بين القانونية والشرعية، فمجلس الأمن الدولي الذي تأخَّر في مواجهة الإبادة الجماعية في البوسنة، لم يتمكن كذلك

من اتخاذ قرار بالتدخل في كوسوفا بسبب تضارب المصالح في مجلس الأمن، فاضطر الناتو إلى التدخل، وكذلك حدث في موقف مماثل تجاه الأزمة السورية؛ فعلى الرغم من مقتل ما يقارب خمسمائة ألف شخص، ظلت الأمم المتحدة خاملة بشأن حل الأزمة السورية. فأية شرعية لمثل هذه المنظمة؟ هل تقوى الأمم المتحدة، التي يُضحَّى بها من أجل تضارب المصالح وتتضاءل هيبتها يومًا بعد يوم، أن تنشئ سلطتها في مثل هذا النظام الدولي الديناميكي المعقد؟ إنَّكم تريدون البقاء مكتوفي الأيدي تجاه الأزمات، ومع ذلك تتصرفون مثل سلطة تشريعية عالَمية تُمثِّل مصالح الأعضاء الخمسة.

لا تنحصر مشكلة شرعية مجلس الأمن الدولي في المسألة القانونية فحسب، بل ثمة اتفاق على أنَّ مجلس الأمن يعاني أزمة شرعية من حيث سير الوظيفة والأداء، وبهذا المعنى يظهر أنَّ مجلس الأمن لا يمتلك آليات عادلة ومقبولة وفق المعايير الدولية، وهذا الوضع يؤدي إلى ظهور ثغرة في الشرعية الأدائية والوظيفية، ومن أجل سد هذه الثغرة يجب أولًا أن تتضمن عمليةُ صنع القرار وفقًا للمعايير الدولية بنيةً جديدة بمشاركة واسعة من الدول الأعضاء. والأهم من ذلك يجب أن تكون عمليات صنع القرار بشكل موضوعي وشفاف، وتتابعها الدول الأخرى، وهذا لا يعني أن بنية مجلس الأمن ستستمر على هذا النحو.

فالطريقة التي تتخذ بها القرارات الحالية تؤدي إلى ظهور مشكلة الشرعية من حيث الأداء.

والمصدر الآخر لمشكلة الشرعية هو فقدان المجلس القدرة على تقديم الحلول المطلوبة. وفي هذا المعنى، وبالنظر إلى الوظيفة والمَهمَّة الموكَلَة إلى مجلس الأمن التابع للأمم المتحدة يظهر أنَّه لم يتمكَّن مِن التغلُّب على المشكلات الدولية مِن خلال وضع تدابير فعَّالة لِمواجهتها، فهل يمكن

„ هل مِن الممكن أن تُمنَح الشرعية لِنظام يؤيد الأقوياء لمجرد ارتفاع أصواتَهم بدلًا من حماية الضعفاء؟

لمجلس أمني يهتمُّ بأولوياته الخاصة أن يُحقِّق السلام والاستقرار والأمن ويمنع الصراعات؟

هناك أسباب عديدة لمشكلة الشرعية، غير أن المشكلة الرئيسية هي تَمَركُز مجلس الأمن في مركز الفلسفة التأسيسية للأمم المتحدة، ومعدَّل شرعية الأمم المتحدة التي يبلغ عدد أعضائها اليوم 193 عضوًا منخفض للغاية. ولو كان هناك تدقيق بعناية في سياق المناقشات في الجمعية العامة لأمكن ملاحظة أن 73 من الدول لديها وجهة نظر سلبية تجاه الأمم المتحدة. فهل مِن الممكن أن تُمنَح الشرعية لِنظام يؤيد الأقوياء لمجرد ارتفاع أصواتهم، بدلًا من حماية الضعفاء؟ هل يمكن لأمم متحدة وَقَعت موضع المساءلة في مشروعية قراراتها إلى هذه الدرجة أنْ توفر العدالة؟ هل يمكن التدخل في مصير أمة لمجرد قرارات اتخذتها غالبية الجمعية العامة؟

إن نظامًا كهذا ليس عادلًا ولا شرعيًّا.

قضية العدالة العالمية

لا تقتصر مشكلة شرعية الأمم المتحدة على الأسباب المذكورة أعلاه؛ فنحن نواجه مشكلة خطيرة للغاية تتعلق بالعدالة العالمية التي سبَّبها نظام الأمم المتحدة. عندما قدم الرئيس الأمريكي وودرو ويلسون اقتراحه لإنشاء عصبة الأمم في الربع الأول من القرن العشرين، أراد بذلك كبح جماح النزاعات بين الدول وإحلال السلام العالمي، لكن الدول الغربية التي أسست ودعمت عصبة الأمم لم تف بوعودها للأسف، وإنما ظلت تسعى وراء تحقيق أهدافها الإمبريالية. هذا النظام الذي أسسوه على مبدأ الالتزام بحماية المظلوم من الظالم لم يتمكَّن مِن نصرة المظلوم ولا إيقاف الظالم عند حده، بل على العكس تمامًا، آثرت الدول الغربية أن تكون هي الظالِم والمعتدي. وكانت لهذه الأخطاء نتيجتان خطيرتان؛ هما فقدان خمسين مليون شخص لِحياتهم، والاستخدام المتعمد للأسلحة النووية بقصدِ العقاب لا غير، وهو ما أصبح وصمة عار على جبين الإنسانية.

بعد انتهاء الحرب العالمية الثانية طرح المنتصرون في الحرب اتفاقية أكثر شمولًا، واتخذوا خطوة نحو السلام والاستقرار العالميين من خلال وقف الحرب قبل نشوبها، إلا أنَّ تحقيق هذين الهدفين الاستراتيجيين تُرِكَ تحت رحمة خمس دول فقط، تمامًا كما حدث عقب الحرب العالَمية الأولى حيث دخلت هذه القوى الخمس العظمى في سباق جيوسياسي كبير في بلدان ومناطق أخرى بدلًا من منع الحرب، وحاولوا احتلال تلك البلدان، ودعموا الانقلابات العسكرية الدامية بذريعة النضال الجيوسياسي الذي خاضوه، وفي أحيان أخرى نظموا انقلابات بصورة مباشرة، وضربوا بمطالب الشعوب عُرض الحائط، وشجعوا الحروب الدامية التي أودت بحياة الآلاف من الناس، وشنوا بأنفسهم العديد من الحروب القذرة، مِن أمريكا اللاتينية حتى

الشرق الأقصى ومن جنوب شرق آسيا إلى أفريقيا، أو مولوها، ولم يترددوا خلال هذه الحروب في استخدام الأسلحة الكيماوية التي كانت محظورة بموجب الاتفاقيات التي عقدوها، وتجاهلوا تراكمات قوانين الحرب القديمة التي كانت في تاريخ البشرية لمئات السنين.

فلم يتمكنوا من إقامة العدالة ولا من منع الحروب، ولا من تحقيق السلام والاستقرار العالميين، ودمروا دولة بأكملِها بالأكاذيب بحجة اقتنائها أسلحة الدمار الشامل، كما تسببوا في وفاة أو إعاقة آلاف الأطفال الذين لم يتمكنوا من الحصول على الأدوية بسبب الحصار. وتسبب النظام الذي أنشؤوه في إحداث فجوة عدالة ضخمة يصعب سدها بدلًا من إحلال السلام. كل هذا حدث أمام أنظار الأمم المتحدة والمجتمع الدولي.

خلال السنوات الثلاثمائة المنصرِمة جُعلتَ البشرية ضحِيةً من أجل امتلاك الموارد الطبيعية وعلِّقت العَدالة، وبهدف الاستيلاء على الموارد الطبيعية عمدوا أولًا إلى احتلال أراضي الناس، ثم ضربوا الأغلال حول أعناقهم واستعبدوهم، واستمروا في استغلال مواردهم الطبيعية؛ فاستولوا على كل ما لديهم، والآن يوصِدون أبوابهم في وجه الذين استغلوهم ماديًّا ومعنويًّا وعرَّضوهم للمجازر. لقد تفشت بشكل واسع وانتشرت كراهية الأجانب حتى صارت تتكرر في الشعارات التي تغطي الجدران في شوارع أوروبا. لقد أصبحنا ندرك جميعًا في القرن الحادي والعشرين أنه لا يمكن لِهذا النظام الجائِر أن يستمر، فالمفهوم الذي لا يقدر الإنسان لمجرد كونه إنسانًا لا يمكنه أن يضمن الأمن والسلام العالميَّين، فلا يمكن منع تصحر الأرض في عالم يشهد تصحر الضمير؛ يجب علينا أولًا إثراء الضمائر بالعدالة واحترام الآخر والسلام والرحمة.

يعتمد سلام الأجيال القادمة ورفاهيتها وأمنها إلى حد بعيد على الخطوات والتدابير الاحترازية التي سنتخذها ابتداء مِن يومنا. لقد حان

وقت إظهار القيادة مع الوعي بمسؤولياتنا الوجدانية، والحرص على معالجة المشكلات بعزم وإصرار، وإلا فستبقى الأرض تحت حكم عصر مظلم أبدي، ومِن الممكن أن نواجه خطر العجز عن بناء عالَم جديد عند الصحو مِن هذا الظلام.

إننا نعيش في مرحلة حساسة جدًّا؛ حيث يمر العالم كله باختبارات تاريخية من زوايا مختلفة؛ فالجمود الاقتصادي، والوباء العالمي، والفقر، وعدم المساواة في توزيع الدخل، كل هذا ما زال مستمرًا إلى يومنا هذا. كما بدأت قضايا عالمية في الظهور، مثل: الحروب، وحركات الهجرة الكبيرة الناشئة عن الحروب الأهلية، وتهريب البشر، والمخدرات، والإرهاب، والحركات المتطرفة، والصراعات العرقية والطائفية، واستنزاف الموارد الطبيعية.

يعاني الناس في كثير من البلاد الجوع والأوبئة والبؤس والجهل، ولا يمكن النظر إلى أي من هذه المشكلات بغض النظر عن العالم الخارجي. وليس مصدر هذه المشكلات الإدارة السيئة لتلك البلدان فحسب، بل لقد أصبحت هذه المشكلات عالمية بغض النظر عن كونها إقليمية، فمصدر مشكلة الجوع في أفريقيا هو الظلم العالمي والنهج التمييزي اللذان يدعمان النظام العالمي الذي يعترف بالانقسام بين الشمال والجنوب؛ ومصدر الفقر والإفلاس الاقتصادي والصراعات في أمريكا اللاتينية ليس المواقف السياسية لهذه البلدان فقط؛ ولا يمكن أن يكون الذين أحرقوا منازل المسلمين في ميانمار وتركوهم للفقر والجوع محصورين في الجماعات المتطرفة الموجودة هناك فقط، فللمجتمع الدولي الذي يغض الطرف عن هذا دور كبير أيضًا. إنها صورة تجرح ضمير الإنسان وكرامته وتجلب الخزي والعار، والأسوأ من ذلك هو أنَّ معظم هذه الأزمات والمشكلات تتمتع بماهية سهلة الحل في الواقع. ويجب علينا مناضلة كل هذه المشكلات

بسرعة وفعالية وعزم وإصرار، ويجب أن تكون الأمم المتحدة في مركز هذا النضال.

نحن نعيش في عصر العولمة، حيث تنشر وسائل التواصل الأخبار في لحظتها مِن أنحاء العالم، ومن ناحية أخرى ازداد التنقل البشري أكثر من أي وقت مضى، ففي كل دولة يعيش كثير من الأعراق والثقافات، إما سائِحين أو عامِلين أو مُهجَّرين، ولم يعد في العواصم الكبرى في الغرب بنية ديموغرافية متجانسة، إذ تستضيف برلين ولندن ومدريد وباريس ونيويورك ثقافات وأديانًا وحضارات مختلفة قادمة من عواصم مختلفة حول العالم، مِن أفريقيا إلى آسيا، ومِن الشرق الأوسط إلى آسيا الوسطى، ومن ثم فإن التغذية بالتمييز وكراهية الأجانب والعنصرية ومعاداة الدين في عصر العولمة المتشابك كهذا تعني العودة إلى العصور الوسطى.

كذلك لا بد أن نتناول السياسة العالمية من النافذة نفسها، ومِن المؤكَّد أنه من الصعوبة بمكان صهر الاختلافات في بوتقة واحدة وإنشاء مجتمع عالمي متجانس، إلا أنَّه مِن الممكن الوصول إلى أقصى نقطة يمكنها التوفيق بين الاختلافات. علينا أن نعد الاختلافات تنوعًا وثراءً لإعادة بناء الضمير العالمي لا لتدميره، وعلينا أن نقِف مع المظلوم وقفة حِماية وأن نقف في وجه الظالم وقفة ردعٍ، ولا يمكن القضاء على مشكلة انتفاء العدالة إلا عندما نمتلك مفهومًا كهذا، ومن ثم فإن عولمة الضمير أمر لا مفر منه في عالم كهذا. يجب ألا يكون الضمير العالمي مفهومًا فُرِّغ من محتواه، وعلينا ألا ننخرط في سباق إسكات الضمير العالمي لمجرد أنه نقيض مصالحنا. وليست القوة فقط هي ما أنشأت النظام الدولي وأسسته وحافظت عليه. يجب أن يكون لكل نظام مفهوم يخدم العدالة. فالعدالة تعني أن تعطي صاحب الحق حقه، وأن توقِفَ الظالم عند حده. وينبغي أن يجد كل منهما ما يقابله في ضمير

المجتمع الدولي. فكِّروا في الشعب الفلسطيني الجرح النازِف منذ سنوات! هل يمكن للمفهوم الذي يعمل على نزع الأرض من هذا الشعب أن يكون له مكان في الضمير العالمي؟ هل يمكن للضمير العالمي الذي يصمت أمام الظلم أن يحقق العدالة تحت سقفِ الأمم المتحدة؟ يجب أن يكون للعدالة ضمير قبل كل شيء.

إن الآثار السلبية الجديدة التي سببتها جائحة كورونا على عمليات العولمة تضطر المجتمع الدولي أجمع إلى أن يتحرك ويعمل معًا. إننا بحاجة إلى منظور عالمي ورؤية استراتيجية وعزيمة سياسية للتغلب على المشكلات العالمية. لا يبدو مِن الممكن معارضة هذا الاتجاه وتعطيل هذه العملية في بيئة باتت فيها السياسة العالمية مترابطة بشكل متبادل في كل مجال. إننا لا نريد أن نرى الجدران التجارية، ولا أن نصوِّب على سلوك الدول التي تنتهك قوانين التجارة؛ ما نريده هو إقامة نظام اقتصادي عادل بالقضاء على نظام الاستعمار العالمي، فالنظام الذي أنشئ على استعمار جزء من العالم وظلمه مِن أجل أمن وسلام ورفاهية الجزء الآخر من العالم، بلغَ أبعادًا صار يهدد معها أمن الجميع ورفاهيتهم، ولهذا يجب ألا تتحقق العدالة في المجال السياسي فحسب بل في المجال الاقتصادي أيضًا.

إن تقسيم الدول إلى دول متقدمة وأخرى نامية في نظام تترابط فيه جميع دول العالم بعضها ببعض إنَّما هو تقسيم مصطنع، وإبقاء الدول النامية خارج النظام الاقتصادي العالمي يؤثر سلبًا في جميع الدول، وفي استقرار الاقتصاد العالمي كذلك. يجب ألا ننسى أن تطور هذه الدول وتقدُّمها إنما هو نتاج النظام العالمي.

والعمل على قمع الجهات الفاعلة الصاعدة التي تُطوِّر اقتصادها بالانقسامات المصطنعة يُعيق بناء نظام دولي متوازن. وكل دولة ترغب في أن

تمارس دورها في الاقتصاد العالمي بما يتناسب مع وزنها، فالمفهوم الذي لا يكترث بالاقتصادات الصغيرة، ويقمع الاقتصادات الصاعدة بواسطة بعض الأساليب السياسية والاقتصادية، يلغي إمكانية بناء نظام اقتصادي عادل، والأدهى من ذلك هو أنه يزيد من المقاومة ضد الجهات الفاعلة التي أقسمت على الحفاظ على الوضع الراهن. وهؤلاء سيبقون تحت هذا الظلم في ظل ظروف أسوأ، إن لم يحدث هذا اليوم فسيحدث غدًا.

لا يمكننا حل مشكلاتنا دون أن نتعاون ونعمل يدًا بيد ونتحرك بوعي المسؤولية، في عالمنا اليوم الذي نتأثر فيه جميعًا بكل التطورات الإيجابية والسلبية.

فاليوم تشعر البشرية جمعاء بتداعيات المشكلات في جنوب شرق آسيا أو أفريقيا أو الشرق الأوسط، وتؤثر موجة الهجرة الناجمة عن الأزمة السورية فينا نحن دول الجوار، وتؤثر في منطقة أوسع، لا بل تؤثر في العالم كله. والحرب الأهلية المستمرة في اليمن تتسبب في تعزيز عداوات من شأنها أن تزعزع أمن المنطقة من الأعماق. ومشكلة المياه التي ظهرت نتيجة خراب البنية التحتية الضعيفة تمامًا بسبب الحرب الأهلية تفاقَمت ونَجم عنها استسلام الدولة لوباء الكوليرا. إننا نواجه في كل يوم تهديداتٍ جديدة ومشكلات جديدة وتحديات جديدة؛ مثل الجرائم المنظمة والهجمات الإلكترونية والأمن الغذائي والصحة العامة العالمية والتغيرات المناخية والعنصرية وكراهية الأجانب ومعاداة الإسلام. والتهديد الذي يشكله الجفاف في منطقة القرن الأفريقي للأمن والاستقرار الدوليين لا يقل عن التهديد الناجم عن التجارب النووية والصواريخ الباليستية.

لا يحق لأحد أن ينأى بنفسه عن الأزمات الإنسانية القائمة، ولا أحد يملك رفاهية ذلك، فجميع المشكلات ستؤثر فينا جميعًا في نهاية المطاف،

”حتى الدول التي نراها الأقوى استسلمت للوباء. ولا يخفى الدمار الاقتصادي الناجم عن تفشي الوباء.

حتى إنَّه من الممكن أن تصبح أكثر الاقتصادات قوة وأكثر الدول تقدمًا عاجزة عن مواجهة المخاوف الأمنية المتزايدة. وكما تجلى في جائحة كورونا يجب أن تكون صحة الإنسان على رأس أولوياتنا. وفي النهاية لم تنجح أي دولة في حماية نفسها، فحتى الدول التي نراها الأقوى استسلمت للوباء، ولا يخفى على أحد الدَّمار الاقتصادي الناجم عن تفشي الوباء.

إنَّ مشكلة العدالة العالمية تُظهر نفسها بأشكال مختلفة، وأحد هذه الأشكال هو عجز المنظمات الدولية عن العمل بشكل فعَّال. وفاتورة تقاعس المنظمات الدولية عن أداء واجباتها ومسؤولياتها يدفعها الأبرياء بالموت والدمار والفقر في أجزاء كثيرة من العالم. وكما ترون اليوم هناك أحداث مأساوية يندى لها الضمير الإنساني تقع في سوريا والعراق وفلسطين وفي العديد من البلدان الأخرى، والمجتمع الدولي يقف متفرِّجًا على هذه الأحداث في الوقت الذي ينبغي فيه أن يُبادِر بشكل فعال في هذا الشأن. وكذلك الشأن بالنسبة للمنظمات التي يجب عليها التدخل في معالجة هذه المشكلات إذ تؤدي دورًا يُشجع على هذه الأحداث بسبب بنيتها المشوَّهة المتهالِكة. إن تشوُّهات النظام العالمي وأخطاءه وعيوبه تذل الإنسان على كل صعيد، لكننا نعبِّر عن هذا بأعلى صوتنا كلما سنحت لنا الفرصة. إن العدل والسلام والأمن والرفاهية ليست مِن حقوق الذين يعيشون في بلدان معينة فحسب، وإنما يجب أن يحصل كل فرد من أصل 7.8 مليارات شخص يعيشون في هذا العالَم على هذه الحقوق والإمكانيات. إن ضمير الإنسانية لن ينعم بالطمأنينة ما استمر سفك دماء الأطفال والنساء والناس الأبرياء في سبيل حسابات سياسية قذرة.

إن الصراعات وحالات عدم الاستقرار في منطقتنا وفي أجزاء مختلفة من العالم لتؤثر فينا جميعًا عن كثب، حتى أصبح في محيطنا دول خرجت عن السيطرة، وتأتي سوريا في مقدمة هذه الدول.

إنه من غير الممكن إعادة بناء الأمن والسلام في المنطقة مجددًا والتغلُّب على المشكلات التي تعيشها دون حل المشكلة الواقعة في سوريا، ولا يمكن حل مشكلة المهجَّرين في الوقت الذي اضطر فيه أكثر من نصف سكان سوريا إلى النزوح، ولا يمكن التخلص من المشكلات الأمنية، دون إعادة الهيكلة السياسية والمؤسساتية في هذه الدولة التي صارت بؤرة لعمليات التنظيمات الإرهابية.

يجب علينا أن نجعل من سوريا، التي أصبحت حلبة صراع القوى العالمية، مكانًا آمنًا صالِحًا للعَيش من أجل الشعب السوري، وينبغي أن نحقق هذا بالاتفاق على حل مقبول مِن قِبل جميع الذين يعيشون في هذا البلد. فوَبال الآباء والأمهات الذين يلقون بأنفسهم في مياه البحر الأبيض المتوسط الباردة مع أطفالِهم يقع على عاتِق كل من لا يساهم في حل هذه المسألة. إن على المجتمع الدولي المبادرة بشكل فعال في حل هذه المسألة التي تتطلب التعاون والتضامن الصادق وتقاسم الأعباء.

أزمة اللاجئين

يواجه المجتمع الدولي أزمة قل نظيرها في التاريخ؛ فاليوم هناك ما يقرب من 260 مليون مهجَّر، وأكثر من 80 مليون نازح، و25 مليون لاجئ في جميع أنحاء العالم، وما يزال هذا العدد في تزايد يومًا بعد يوم؛ لأسباب اقتصادية، إضافة إلى أسباب متعددة أخرى مثل الجوع والقحط والحروب الأهلية والهجمات الإرهابية والغموض السياسي. فيضطر الناس إلى الهجرة لا مِن أجل البحث عن العمل أو تأمين مستوى معيشي أفضل فحسب، بل للبقاء على قيد الحياة، وسدِّ الجوع، والعثور على قطعة خبز يسدون بها رمق أولادهم أيضًا، إلا أنَّ رحلات الأمل هذه غالبًا ما تنتهي بالموت للأسف. فمنذ عام 2013 ذهب 20 ألف شخص، معظمهم من النساء والأطفال ضحايا الأمواج الهائجة في البحر الأبيض المتوسط، ولقي الآلاف من الأبرياء حتفهم في الرمال المستعرة في الصحراء الكبرى.

إن القضية التي نعممها اليوم بأنها «قضية اللاجئين» لتُخفي وراءها مأساة كبيرة؛ فجثث الأطفال الصغار التي رميت على الشواطئ أظهرت للعالم أن هذه القضية لم تعد تحتمل التجاهل. وأنا لا أتحدث عن هذا بصفتي رئيس دولة بعيدة عن الصراعات وحركات الهجرة غير النظامية، إنما أتحدث بصفتي رئيس دولة تستضيف أكبر عدد من اللاجئين في العالم، وفقًا لبيانات الأمم المتحدة.

إن من أهم القضايا التي يواجهها النظام الدولي اليوم هي قضية اللاجئين، وحالُ هذه المشكلة حال بقية المشكلات؛ فقد أصبحت تتعمَّق أكثر بسبب تضارب المصالح بين الدول، وضعف المؤسسات الدولية، والأهم من ذلك بسبب عجز الأمم المتحدة وعدم فعاليتها. إننا نواجه أوسع مشكلة لاجئين منذ الحرب العالمية الثانية وحتى يومنا هذا، ولهذا السبب أصبحت عملية الإصلاح في وقتنا الراهن أمرًا ضروريًّا لإعادة هيكلة الأمم المتحدة.

وكما واجهنا معضلات مستعصية فيما يتعلق بالعدالة العالمية بسبب فشل الأمم المتحدة في أداء دورها بالشكل الصحيح، فإننا نواجه تحديات كبيرة بشأن اللاجئين لأسباب مماثلة. يؤسفني القول إنه لم تُتَّخذ الخطوات اللازمة في هذا الصدد، ولم يُتَوَصَّل إلى مصدر المشكلة، وبقي المجتمع الدولي والأمم المتحدة مكتوفَي الأيدي في الوقت الذي يستهدف فيه القصف المدنيين، وفيما بعد عندما اندلعت مشكلة الهجرة العالَمية حاولوا منع الناس من الرحيل إلى أماكن أكثر أمنًا. هذا الموقف المتَّخذ تجاه المهجَّرين يفضح الوجه الحقيقي للغرب والمجتمع الدولي الذي يُفترَض أن يعكس القيم الإنسانية العالَمية.

يناضل إخواننا السوريون منذ عام 2011 من أجل البقاء على قيد الحياة، وقد فقد مئات الآلاف مِنهم حياتهم نتيجة الأعمال الوحشية التي ارتكبها إرهاب الدولة والمنظمات الإرهابية، ونزح الملايين من منازلهم وأوطانهم، وتحوَّلت المدن التي يعود تاريخها إلى آلاف السنين، وكذلك المكتبات والمساجد والمستشفيات، إلى ركام ودمار. ومنذ بداية الأزمة السورية وحتى الآن فإن ما يسمى بالقيم الغربية، مثل حقوق الإنسان والديمقراطية والحرية، لم تُذكَر حتى على جدول أعمال الدول الأوروبية، وتُرك الشعب السوري وحده في صِراعه ومقاومته من أجل الحرية؛ تُرِك المظلومون السوريون على مدى تسع سنوات تحت رحمة نظام لا يتردد في استخدام جميع أنواع الأسلحة، ومنها الأسلحة الكيماوية، في قتل المدنيين، بل يفتخر بذلك ولا يكترث بآلام الأطفال الذين قُتلوا.

ولم يذرف المجتمع الدولي حتى ولو دمعة واحدة من أجل عشرات آلاف الأشخاص الذين لقوا مصرعهم في ظلمات مياه البحر الأبيض المتوسط وبحر إيجة. وأولئك الذين لم يحركوا ساكنًا من أجل المهجَّرين

الذين وصلوا إلى أوروبا، ويتعرضون فيها للذل والاستغلال والمواقف التي تؤذي مشاعرهم، تحوَّلوا إلى أُسُود عندما تعلق الأمر بتركيا، وجاؤوا بتشبيهات وإساءات لا يحتملها العقل في حق تركيا، دون أن يشعروا بذرة مِن الخجل مِن حالِهم الراهِن، بل إنهم يتمادون أكثر فيقولون دونما خجل إنهم «مستعدون لاستقبال كل من يلجأ إليهم لجوءًا سياسيًّا»، في الوقت الذي ينشغلون فيه بالبحث عن الطرق التي تمنع اللاجئين مِن الدخول إلى أوروبا، فهم منشغلون دائمًا بإغلاق حدودهم. وهناك كثير مِن الدول الأوروبية التي نظرت إلى مسألة الهجرة غير النظامية القادمة من سوريا من نافذة الأمن والمصالح الوطنية لا غير، ثم إنهم روجوا لِفكرة خاطئة للغاية وهي أن الأسلاك الشائكة ستحمي أوروبا من تدفق اللاجئين، لا بل إنهم قدَّموا توصيات ستذكر في المستقبل بالخزي والعار؛ مثل إغراق زوارق اللاجئين في البحر الأبيض المتوسط، وطبقوا سياسة دفع اللاجئين إلى الوراء على حساب حياتهم، وتركوا هؤلاء الناس لمياه البحر الأبيض المتوسط.

إنهم يعتقدون أن المشكلة ستزول بالمساعدات الاقتصادية، غير مبالين بشيء سوى أن يبقى اللاجئون بعيدًا عن أراضيهم، فلم يهتمُّوا بمكان إقامتهم، ولا بالظروف التي يعيشونها، مع أنهم لو وضعوا القضايا التي تنصُّ عليها الاتفاقات الدولية والمنظمات الدولية، وعلى رأسها الإطار الرئيسي للأمم المتحدة، في مركز الاهتمام لَمَا واجهنا تحدِّيات كهذه.

تأتي كراهية الأجانب والخطابات المناهضة للمهاجرين المتصاعِدة في السنوات الأخيرة في مقدمة المشكلات التي يتعرَّض لها اللاجئون. وإنه لأمر مُخزٍ أن تقوم العملية السياسية على مآسي الذين اضطروا إلى ترك كل ممتلكاتهم خلفهم، وتحقيق المصالح السياسية من خلال إثارة الأحكام المسبقة في المجتمع، كما أن محاولة تأديب اللاجئين الفلسطينيين بالفقر

والحرمان من خلال قطع المساعدات عنهم هو عمل لاإنساني كذلك. إن مكافحة السياسات التمييزية من أجل ضمان الأمن والسلام المجتمعي، وتعزيز اندماج اللاجئين في المجتمع، أمران مهمان للتغلب على الأزمات الحالية.

إن الحق في الحياة والديمقراطية والحرية التي تُعدُّ الحقوق الأساسية لمواطني الدول الغربية عُدَّت رفاهِية للشعب السوري.

في الوقت الذي تُحارَبُ فيه المطالبات بالديمقراطية وتحارب حقوق المحافظين على كرامتهم في الشرق الأوسط، نِجد أن العالَم كلَّه آثر الاستمرار في لعبة القرود الثلاثة (لا أرى، لا أسمع، لا أتكلَّم)، فلا تُسَمع أصوات المدافعين عن الديمقراطية والحرية والحقوق. وفشل المجتمع الدولي في إيجاد حل للأزمة الإنسانية التي يتعرض لها مسلمو أراكان، كما حدَث في سوريا، وكذلك لم يتمكَّن المجتمع الدولي من منع المأساة التي شهِدتها ميانمار.

هل الديمقراطية موجودة مِن أجل القوى المهيمنة فقط؟ ألا تُطبَّق الديمقراطية والحقوق والحريات على الدول الضعيفة أو الدول النامية وعلى شعوب تلك الدول؟

إذا كنا سنصمت عن الحقائق التي نؤمن بها فلن يُحكم بالحق أبدًا إذن، وسيحكم الظالِمون العالَم. وإن اعتراضنا هذا هو في الواقع صوت مشترك صادر عنا وعن جميع الدول الضعيفة والنامية، ولم يعد هناك مجال لصَم الآذان عن سماع هذا الصوت، وعدم المبالاة بهذا الاعتراض.

لم يعد هناك إمكانية لديمومة بنية النظام الأمني العالمي الراهِنة التي ترعى الظالم لا المظلوم، ولا تمنح الأمن للإنسانية. إننا نعترف جميعًا ونقبل أنه قد ولَّى الزمن الذي كان فيه الغرب يشكل مركز العالَم، وآن الأوان لِبناء عالَم متعدد المراكز. فإنَّ رفض هذه الحقيقة، وعدم إجراء التحولات البنيوية

المناسبة، لهو السبب في تدفق اللاجئين والمهاجرين إلى الغرب، وخاصة إلى الدول الأوروبية. إن الذين يتجهون إلى أوروبا على متن طوَّافات وقوارب بالية وسفن قديمة مهترئة عبر مياه البحر الأبيض المتوسط إنما يبحثون في الواقع عن الأمن والرفاهية والحياة الكريمة.

إن الدول الغربية التي وضعت مبادئ الحريات وحقوق الإنسان الأساسية عقب الحرب العالمية الثانية، وجعلتها شعارات لها، باتت تُدير ظهرها اليوم للقيم ذاتها. وبينما آلمنا أشد الألم موت الناس في البحر الأبيض المتوسط أو في بحر إيجة، وألقيت جثثهم على الشواطئ وهم يسعون وراء الأمن والراحة، الرجال منهم والنساء والأطفال والشيوخ والشباب، لم نرَ ولم نسمع أدنى علامات الندم وعذاب الضمير لدى أولئك الذين تركوا هؤلاء الناس للموت في البحر الأبيض المتوسط وبحر إيجة، وعليه؛ فلا يمكن لنظام عالمي فقدَ الرحمة أن يكون دواءً يداوي جِراح الإنسانية.

إننا نشعر بالآثار المأساوية الواقعة في سوريا منذ اليوم الأول لكوننا دولة جارة ولنا روابط وثيقة مع شعبها. إن تركيا اليوم تستضيف تركيا حوالي 4 ملايين لاجئ، بينهم 3.6 ملايين سوري، وأكثر من 365 ألف شخص من جنسيات أخرى، وقد فتحنا أبوابنا لجميع المظلومين دون النظر إلى معتقداتهم وأصولهم، فقد كان هذا الموقف واجبًا إنسانيًّا قبل كل شيء بالنسبة لنا.

لكن هذه المشكلة التي نواجهها، والتي لم يكن لها نموذج سابق، قد جاوزت الأبعاد التي يمكن لأيِّ دولة أن تتغلَّب عليها وحدها. وفي الواقع يعود سبب تعمق المشكلة إلى أنه يومًا بعد يوم تتبدد آمال هؤلاء الناس بالعودة إلى وطنهم بعد أن غادروه. ولا يمكن التغلب على المشكلات الناشئة هذه المنطقة، وخاصة قضية المهاجرين والإرهاب، دون الاتفاق على حل مقبول لكل من يعيش في سوريا، وهذا ما يتطلب تعاونًا من المجتمع الدولي.

”إن الانعزال الكامل ليس سبيلًا لحل الأزمة في منطقتنا. الحل الحقيقي يكمُن في ضمان إنهاء الصراعات والحروب في البلدان التي جاء منها هؤلاء الأشخاص في أسرع وقت ممكن.

إن الذين توجَّهوا إلى الغرب هربًا من الحروب يريدون في الواقع العودة إلى أوطانهم، لكن أوطانهم أصبحت في حالة لا يمكنهم العيش فيها. وإنَّ الهدف النهائي للأشخاص الذين قدِموا إلى الحدود التركية ليس البقاء في تلك البلدان، ونحن ندرك ذلك، ولم نترك بابًا لم نطرقه مِن أجل إنشاء منطقة آمنة في حدودنا الجنوبية بهدف حماية حياة الناس الأبرياء في سوريا، وقدَّمنا مقترحاتنا هذه للرئاسة الأمريكية والدول الغربية وروسيا، لكنهم سدُّوا آذانهم عن عرضنا هذا، والآن يسعون لإيجاد وسائل غير معقولة للوقوف في وجه تدفق اللاجئين.

إنَّ الأزمة القائمة في منطقتنا، وفي مركزها سوريا والعراق، لا يمكن أن تدوم؛ لا مِن أجلنا فقط بل مِن أجل العالم أجمع.

لقد بدأنا نرى أمثلة الأزمات التي اشتعل فتيلها هنا وأغرقت العالم بالدماء والنيران في مدة قصيرة جدًّا؛ من خلال الأعمال الإرهابية التي وقعت في أوروبا والولايات المتحدة الأمريكية. إن حل مشكلة اللاجئين لا يكمن في إغلاق الأبواب وإقامة الأسوار والجدران على الحدود أمام اللاجئين، وقد شهدنا مرات عديدة، ويا للأسف، أنه لا يمكن تحقيق الأمن والسلام خلف الأسلاك الشائكة والجدران العالية التي على الحدود.

إن الانعزال الكامل ليس سبيلًا لحل الأزمة في منطقتنا، الحل الحقيقي يكمُن في ضمان إنهاء الصراعات والحروب في البلدان التي جاء منها هؤلاء الأشخاص في أسرع وقت ممكن. وهنا يجب أن يتولى السلطة نِظام يؤمِّن مستقبل شعوب هذه البلدان من الناحية السياسية والاقتصادية، ويلقي سمعه لأصواتها ومطالبها، وحينها ستزول الأسباب التي تقود هؤلاء الناس إلى التوجه إلى حدودنا أو إلى أبواب الدول الأوروبية. إن كل خطوة تُتخذ دون النظر إلى السبب الحقيقي وراء مشكلة اللاجئين وإيجاد حلول مناسبة لها، لا يمكن أن ينجم عنها أكثر من مشاهد جديدة تجرح ضمير الإنسانية.

لقد فشل العالم، وخاصة البلدان المتقدمة، فشلًا ذريعًا في حل الأزمة السورية والعراقية، وقد فشل سابقًا في بلاد البلقان أيضًا، والآن يكررون الأخطاء نفسها بشأن القضية الفلسطينية. إني على ثقة بأن الصراعات ستتوقف، وستُطبّق الحلول التي تناسب التوازنات التاريخية والثقافية والعقائدية والمذهبية والمشربية في المنطقة، في ضوء الدروس المستخلصة من هنا. وتركيا قدمت ولا تزال تقدم كلَّ دعم من أجل الجهود المبذولة في هذا المنحى.

قضية الإرهاب الدولي

القضية المهمة الأخرى التي تجعل إعادة هيكلة الأمم المتحدة أمرًا ضروريًّا هي الإرهاب الدولي. فقد أصبح الإرهاب قضية دولية أكثر من أي عصر آخر في التاريخ، وقد شكلت أحداث الحادي عشر من سبتمبر نقطة تحوُّل رأى فيها الشعب الأمريكي والمجتمع الدولي الوجه الوحشي للإرهاب، وفيما بعد استَهدَف تنظيم القاعدة الإرهابي بوحشية المدنيين في مدريد ولندن وإسطنبول والعديد من عواصم العالم.

لم يتمكن المجتمع الدولي، للأسف، من وضع تعريف مشترك للإرهاب، في بيئة يهدد فيها الإرهاب السلام العالمي بشكل فاضح، ولم يتمكَّن مِن توضيح ما هو إرهاب وما هو ليس كذلك. والأسوأ مِن ذلك أنهم قسموا الإرهابيين إلى قسمين؛ الإرهابي الجيد والإرهابي السيئ، ولم يتخلوا عن العمل مع تنظيمات إرهابية للتغلب على تنظيمات إرهابية أخرى، فعمدوا إلى تغذية الإرهاب ورعايته، كما استضافوا أعضاء من التنظيمات الإرهابية في قصورهم.

تشهد البشرية في الربع الأول من القرن الحادي والعشرين أوج العلوم والتطورات التكنولوجية والاقتصادية والصحية، لكن هذه الصورة المشرقة لها جانب آخر مظلم مدعاة للعار؛ فالقتل لا يزال يحصد أرواح مئات الآلاف من الأطفال والنساء والشباب والشيوخ في سوريا والعراق وكثير من البلدان التي تئن بين فَكَّي الإرهاب والحرب، ويتعرض اللاجئون الفارون من الموت والظلم لمعامَلة مهينة في المدن الأوروبية، وتواصل العناصر الإرهابية، مثل القاعدة وداعش وحزب الاتحاد الديمقراطي (PYD) ووحدات حماية الشعب (YPG)، عملياتها الإرهابية في المنطقة، وهناك خطر مِن تحوُّل الاختلافات في القوقاز إلى صراعات ساخنة، وثمة كثير مِن القضايا تنتظر الحلول؛ ابتداء من اليمن وانتهاء بأوكرانيا.

لم نتمكن من تحويل الآلام التي أصابتنا جراء القذائف التي انفجرت واحدة تلو أخرى، في سوريا والعراق ونيجيريا وفرنسا وباكستان وتركيا وبلجيكا وإسبانيا، إلى موقف وخطاب وعمل مشترك، ولم نتمكن من إيجاد حلٍّ للصراعات السياسية والاضطهاد والظلم، كما لم نتمكَّن مِن إقناع العالم أجمع بأنَّ تجاوُز الاختلافات وبناء الحوار والاتفاق المتبادل هو أحد أهم الأسلحة الفعالة في محاربة الأسباب التي تخلق العنف، ولم نتمكن من خلق تفاهم مشترك حول ضرورة إقامة ثقافة الوفاق بدلًا مِن ثقافة الاستقطاب، ولم نتمكن من نشر مفهوم مجتمعي ينظر فيه إلى الاختلافات الثقافية والعرقية والدينية على أنها ثراء لا تهديد، ويبرز فيه التسامح والانسجام في كل مكان وفي كل مجال.

يجب علينا -نحن القادة المسؤولين في القرن الحادي والعشرين- أن نضع حدًّا لهذا المنحى الخطير؛ لأن البشرية لم تعد تتحمل الجروح التي تدمي ضمائرنا بسبب الاستقطاب والتوترات القائمة على أساس الثقافة والدين. إننا نعيش اليوم في عالم اضطر فيه 60 مليون شخص إلى مغادرة منازلهم فرارًا من الصراعات القائمة في بلدانهم. رحلة الأمل هذه التي خرج فيها قسم مِن هؤلاء الناس الأبرياء، ومعظمهم مِن الأطفال والنساء، انتهت بآلام كبيرة في مياه البحار المظلمة، أما الذين استطاعوا الوصول إلى الأماكن التي قصدوها فإنهم يعانون مشكلات الإقصاء والتهميش في المجتمعات التي استقبلتهم.

وعند النظر إلى المناطق الجغرافية التي كانت نقطة ظهور هذه المأساة فإننا نواجِه صورة مليئة بالتناقضات حقًّا؛ فالتنظيمات التي تدعي التحرك باسم الإسلام ترتكب أكبر المجازر بالمسلمين وتلحق بهم أكبر الأضرار، فتُدمَّر حضارات يعود تاريخها لآلاف السنين، وتتحول المدن العريقة إلى دمار وأنقاض على يد هذه الشبكات الإرهابية. وبسبب المفهوم الذي أنتجته هذه

المنظمات نرى الانتشار السريع لكراهية الأجانب والإسلاموفوبيا، ولا سيما في الدول الغربية. ونرى بأمٍّ أعيننا أن بعض الأوساط سيئة النيَّة تنتهِز الفرصة، وتتولَّى التفكيك وزرعَ بذور الكراهية والتهميش بدلًا مِن الحب. وبهذا نواجه تعمُّق الهوة بين الذين يمثلون حضارات مختلفة ومعتقدات مختلفة وثقافات مختلفة، وذلك نذير لكوارث أكبر.

علينا نحن الدول أن نبذل مزيدًا من الجهود العظيمة في المناطق التي تنشط فيها التنظيمات الإرهابية والمنظمات المناصرة لها، وخاصة في الدول الأوروبية، ويجب ألا نترك الساحة للمنظمات الإرهابية والانفصاليين والمدمرين، وأن نضع مفهومًا وآلية وخطة عمل مشتركة لمكافحة الإرهاب.

إن المشكلة الكبرى في عالمنا اليوم ليست الإرهاب بحد ذاته؛ إن أهمَّ مشكلة في العالَم اليومَ هي المواقف غير الصادقة التي لا تخلو من النفاق في وجه التنظيمات الإرهابية؛ لأن التنظيمات الإرهابية تستمد أعظم قوة وأكبر دعم من هذه المواقف. وهناك بعض الدول الغربية، للأسف، تبين أو تعلن مواقفها تجاه التنظيمات الإرهابية بشكل خاطئ للغاية، وذلك بالنظر إلى خطابات هذه التنظيمات وأيديولوجياتها. ليس هناك إرهاب جيد وإرهاب سيئ، وليس هناك منطق يقول: «الإرِهابيون لديك سيئون والإرهابيون لديَّ جيدون».

لا يمكننا الصمت عن المعايير المزدوجة المطبقة، ولا عن هذه العمليات التي تلحق الضرر بشعبنا، ولا يمكننا أن نتحمل تستُّر الدول الغربية على مآزِقها واضطراباتها مِن خلال عكسها على العالم الإسلامي والمسلمين؛ لأننا إن لم نبين ردود فعلنا ضمن إمكانيات الديمقراطية فسيتمادى أصحاب هذه المواقف وتزيد جرأتهم. وأخشى أن تزداد لامبالاة الغرب إن لم نضرب بمظالمهم في وجوههم، وإن بقينا صامِتين فستبقى التنظيمات الإرهابية، كالقاعدة وداعش، تنظيمات «شريرة» بالنسبة للدول الغربية، والتنظيمات

الإرهابية الأخرى التي لم تضر بها حتى الآن، من أمثال تنظيم حزب العمال الكردستاني (PKK)، ووحدات حماية الشعب (YPG)، وجبهة حزب التحرر الشعبي الثوري (C-DHKP)، وتنظيم (FETO)، تنظيمات «جيدة». هذه ليست مشكلة الغرب فحسب، فيجب أن يتمكَّن العالم الإسلامي أيضًا مِن انتقاد ذاته. نحن في تركيا عانينا كثيرًا في مواجهة الإرهاب، لكن حلفاءنا تأخروا كثيرًا في فهم معاناتنا هذه، والتضحيات التي قدمناها في مكافحة تنظيم حزب العمال الكردستاني الإرهابي الذي قَتَل ما يقارب خمسين ألفًا من شعبنا على مدار 34 عامًا، يُحاوَل التضحية بها من خلال اللعب برسائله الكلامية. إنهم لا يذكرون في أجنداتهم أبدًا رجال السياسة الذين قُتِلوا أمام عيون أولادهم. وتلك الأوساط نفسها لم تنطق حتى ولو بكلمة واحدة بشأن الشباب الذين تقتلهم إسرائيل على حدود غزة، أو بشأن الأطفال الذين تستهدفهم الصواريخ الإسرائيلية وهم يلعبون على الشواطئ الرملية. والذين ينتقدوننا بسبب كفاحنا المشروع لا يصدِرون صوتًا بشأن إطلاق النار على الفلسطينيين أمام أجهزة التصوير، كما أنَّ الذين يتهمون بلادنا بسجن الصحفيين المزعومين، الذين سُجِنوا بتهمة السرقة أو الابتزاز أو الإرهاب، يُثنون على إعدام الصحفيين ممن ذنبهم الوحيد هو توثيق المجازر الإسرائيلية. وأولئك الذين يضغطون على الدول الإسلامية فيما يتعلق بحقوق الأقليات لا يرون أنشطة التطهير العرقي ضد المسلمين في العديد من البلاد الإفريقية والآسيوية. مواقِف المعايير المزدوجة والنفاق لا تزال مستمرة حتى الآن، وعمليات الإدانات الموجهة لتركيا تزيد ولا تنقص.

إننا بصراحة نجد صعوبة في فهم الموقف الذي تبناه المجتمع الدولي -الذي طبق المادة الخامسة من معاهدة شمال الأطلسي في 11 سبتمبر/ أيلول عندما تعرض الأمريكان لأسوأ هجوم إرهابي في تاريخهم- إزاء الكارثة التي

عاشتها تركيا في 15 يوليو/تموز. نحن لا نبدي أي تسامح مع المنظمات الإرهابية، كما أننا لا نستسيغ أن تترك تركيا وحدها في مكافحة الإرهاب، ولا نقبل أن ترعى الدول أولئك الذين أرادوا النَّيل من ديمقراطيتنا وقتلوا 251 فردًا من شعبنا في حين نعد نحن هذه الدول دولًا صديقة.

لقد رأينا جميعًا بِأَسى أن معظم الدول التي تقول إنها موجودة في سوريا والعراق مِن أجل محاربة الإرهاب لم يكن هَمَّهم الناس هناك، والدليل على ذلك هو مقتل مئات الآلاف، وتدمير تاريخ عريق بأكمله في السنوات المنصرِمة، في حين أننا نعلم ما الذي يمكن أن تفعله القوى الغربية عندما يتعلق الأمر بمصالحها، وكيف تثير الأمور من أجل ذلك. ونعرف خير المعرفة كيف أن هذه البلدان تقطع آلاف الكيلومترات عندما يتعلق الأمر بالنفط والذهب والألماس والحصة السوقية، في حين أنها هي نفسها أدارَت ظهرها للمجازر في فلسطين، والإبادة الجماعية في أركان، والظلم الذي أودى بحياة مئات الآلاف في سوريا.

المشكلة هنا ليست صمَّ الآذان عن صرخات الأبرياء؛ بل القضية الأساسية هي جهود هذه الدول في تحويل الأزمات الإنسانية هذه والصراعات والحروب الأهلية إلى فرصة تُغتَنم بدلًا مِن منعها.

إن الهجمات في أوروبا ليست مفاجئة كما تظنون، ولا ينبغي ولا يمكن أن يكون أي بلد في العالم آمنًا في بيئة ينتشر فيها العنف إلى هذا الحد ويحظى بعدد كبير من المؤيدين والمتعاطفين من الداخل أو الخارج. ولا يمكن الحديث عن الأمن في أي دولة أو مدينة في العالم ما دام هناك من يقف موقف المتفرِّج على مقتل عشرات الأبرياء في العالم الإسلامي يوميًّا ولا يُصدِر صوتًا ليقول لا للقتل، لا بل إن هذه المجازر تجد دعمًا أيضًا. فالأصوات تُرفع عندما تقع عمليات إرهابية في باريس، وتُرفع

”يجب علينا أن نكون «رسول الرحمة وصوت الضمير» في عصر فُقِدت فيه الرحمة.

كذلك في بروكسل، لكن الدول الأوروبية تلزم الصمت عندما يموت كثير من الأبرياء في لاهور وكابل وأنقرة وبغداد وإسطنبول وديار بكر. إننا نرى أن السياسة في العالم غير صادقة، فرغم تبنِّي التنظيمات الانفصالية هذه العمليات الإرهابية بكل صراحة، لم تهتمَّ بها الدول التي تزعم حساسيتها تجاه الإرهاب ولا منظمات حقوق الإنسان ولا الإعلام.

في عام 2014 فقط قُتل حوالي ألفين وخمسمائة شخص في غزة، معظمهم من الأطفال والنساء، حينها التزمت الأمم المتحدة الصمت وتجاهل الاتحاد الأوروبي الأمر، وآثرت البشرية الصمت أمام إرهاب الدولة هذا وأمام قتلة الأطفال، لكن رئيس وزراء إسرائيل، وهو الذي قَتل ألفين وخمسمائة شخص في عام 2014 بوحشية، كان في مقدمة الصفوف التي خرجت في مسيرة مكافحة الإرهاب في باريس دونما أي شعور بالخجل أو العار. ليس هذا ما يسمى بمكافحة الإرهاب والمفهوم المشترك ضد الإرهاب.

لا يمكن لأحد أن يظل متجاهلًا لمشكلات الآخر في عالَم تحكمه العولَمة وكاد يتحول إلى قرية صغيرة؛ فالألم لا لون له، والمشكلات لا يمكن حلها بتجاهلها، وإذا كنا نريد الأمن والسلام فعلينا أن نتوجه إلى المناطق التي تشهد الأزمات والصراعات لا إلى داخل حدودنا، فالمناطق التي تشهد الأزمات لا تزعزِع المناطق القريبة منها فحسب، بل إنها تزعزِع العالم بأسره مِن الأعماق. وطبعًا وقبل كل شيء تقع في المناطق المذكورة هذه مآسٍ تهُمُّ البشرية وتهم كل من لديه ضمير أو قلب.

الإرهاب لا ينتج عن المنظمات الإرهابية فقط؛ فهناك إرهاب دولي اليوم يحدث أمام أعين العالم، فبينما يموت مئات الآلاف مِن الناس في سوريا، ويرحل 10 ملايين مِن الناس عن منازلهم، لا تبالي المؤسسات الدولية ولا الدول بهذه المآسي، وما شهدناه في جارتنا سوريا منذ 9 سنوات لا يختلف

عما حدث في البوسنة قبل 25 عامًا؛ فالمشاهد نفسها تكرر، والمأساة نفسها، والآلام والمعاناة نفسها، لم يتغير شيء. لا فرق بين ازدواجية المعايير التي طبِّقت ضد البوشناق بالأمس والتي تُطبَّق اليوم على المضطهدين السوريين. والذين لم يروا الوحشية التي وقعت في البوسنة هم أنفسهم الذين أَعموا أبصارهم وصموا آذانهم عن الوحشية التي تقع اليوم في أراكان. كما أنَّ آلاف مسلمي الروهينغا المظلومين الذين تعرَّضوا للعنف في أراكان وأُحرِقت ديارهم، يعيشون في ظروف معيشية صعبة إما في الدول المجاورة أو بين أمواج المحيط الهائجة.

والذين صمتوا أمام الإبادة الجماعية في سربرنيتسا في البوسنة آثروا الصمت اليوم أيضًا أمام الإبادة الجماعية في حلب وحماة والغوطة، والذين لم يكترثوا بالقتل الوحشي للنساء والأطفال في ذلك اليوم يتخذون اليوم الموقف نفسه تجاه الإرهاب في ميانمار، والذين أفسحوا المجال للقتلة آنذاك يمدون اليوم التنظيمات الإرهابية بالسلاح بغزارة. كانوا بالأمس يبخلون بحقوق الإنسان والديمقراطية وإرادة الشعب والحريات على البوسنيين، واليوم يجدونها رفاهية بالنسبة للسوريين والفلسطينيين والليبيين.

ليست سوريا والدول المجاورة وحدها التي تدفع ثمن الصمت في وجه إرهاب الدولة في سوريا، وإنما يدفع ثمنها 80 دولة في العالَم مِن الدول التي أفلَتت مواطنيها في صفوف تنظيم داعش الإرهابي. إنَّ المنطقة بأسرها تشعر بالتوترات التي خلقتها الإدارة الطائفية والإقصائية والتي سببها النظام السابق في العراق.

إن إيجاد حلٍّ جذري للقضية السورية لا يشغل اهتمام أيِّ أحد أو أيِّ دولة أو هيئة دولية ما عدا تركيا وقطر وعِدة دول أخرى، والحال نفسه في العراق، فالحلول الجذرية والمستدامة لا مكان لها في أجندة العالَم؛ لا أحد

يبالي بالأطفال الذين يموتون، ولا أحد يبالي بالنساء اللواتي يُقتَلنَ أو يُعرَّضنَ للتعذيب، ولا أحد يكترث بإسدال الظلام على مستقبل المنطقة ومستقبل الشعوب الذين يعيشون فيها.

لقد آثر العالم الغربي التزام الصمت أمام أكبر مزاعم التعذيب في التاريخ. العالم كله شاهد ما حدث في غوانتنامو وما حدث في السجون والمعتقلات الأخرى، حتى لو تغير الظالم والمظلوم فلم يتغير أولئك الذين يشاهدون الظلم من المدرجات. لقد ماتت أوروبا في البوسنة ودُفنت في سوريا.

صدقًا... بقدر مشاهدة الغرب لمآسي الشرق من خلال الشاشات، بقدر رؤية الشرق لصمت الغرب. إن صمت الغرب تجاه مآسي الشرق يفتح جرحًا في الضمائر، ويضر بالعدالة أشد الضرر. إنه لمن التضليل أن تُنسَب مآسي الشرق إلى الذين يعيشون في الشرق وإلى ثقافاتهم وحضاراتهم، فالشرق ليس وحده الذي أحدث الأوضاع السيئة هناك، فالمآسي الإنسانية المستمرة حاليًا في الشرق بقدر ما هي من صنع الذين يعيشون فيها بقدر ما هي من صنع الذين تدخلوا في الشرق من الخارج أيضًا.

إن موقف ازدواجية المعايير الذي يعرِضه الغرب تجاه الشرق الأوسط يهز الضمائر من الأعماق، ويمهد الطريق أمام الخراب والدمار الذي يترك آثارًا لا تمحى لسنوات طويلة، وسيزداد هذا الخراب والدمار في الشرق الأوسط أو في المناطق الأخرى ما لم يتوقف الغرب عن اتخاذ مواقف مزدوجة المعايير، ولن يسْلَم الغرب من هذا الخراب والدمار.

إننا «رسول الرحمة وصوت الضمير» في عصر فُقِدت فيه الرحمة، وهذا ما يجب أن يميزنا. والدول الغربية في مستوى متقدم للغاية من حيث الثراء والرفاهية، لكن عند النظر إلى إفريقيا وآسيا وأمريكا الجنوبية، تجدون مشهدًا مغايرًا للغاية؛ ففي الغرب نظام رفاهية أُسِّس على حساب دموع

الذين يعيشون في تلك المنطقة وآهاتهم ودِمائِهم وجهودهم ومصادِرِهم الطبيعية. إننا لا نستطع إنشاء نِظام رفاهية على أنقاض المساكين والمظلومين والمضطهدِين، لا ديننا يسمح بذلك ولا ثقافتنا ولا تاريخنا.

رهاب الإسلام (الإسلاموفوبيا)

لقد تحول رهاب الإسلام إلى قضية أمن عالمية مهمة جدًّا بقدر أهمية التهديدات الإرهابية الدولية. وقد أصبح هذا التهديد يزداد عمقًا بسبب الصمت الذي يلتزم به المجتمع الدولي تجاه رهاب الإسلام. وقد أصبحت زيادة التوعية فيما يتعلق بالرهاب من الإسلام ضرورية وعلى الأمم المتحدة أن تقوم بها. وقد ينجم عن الاستمرار في تجاهل هذه المشكلة في المستقبل القريب موجةُ إرهاب جديدة يصعب علينا ضبطها، ولا يمكن النظر إلى هذه الظاهِرة، التي تسمى رهاب الإسلام، على أنها شعور نفسي قائم على الخوف، فما نواجهه هو معاداة الإسلام ومناهضته.

إن معاداة الإسلام، أو بالأحرى معاداة المسلمين، التي ظهرت في الغرب عقب الهجمات الإرهابية الواقعة في أمريكا بتاريخ 11 سبتمبر/ أيلول 2001 مستمرة في مضاعفة فاعليتها، وصرنا نرى في دول الأقليات المسلمة وأوروبا -على وجه الخصوص- أن بيئة الحكم المسبق والسلبية والتهميش ضد المسلمين خاصةً أصبحت منتشرة فيها تدريجيًّا. ولا تؤدي القسوة في معاملة اللاجئين إلا إلى زيادة تعميق المأساة الإنسانية الراهنة. ويزعم بعض الساسة الغربيين، الذين فشلوا في حل المشكلات الاقتصادية والسياسية، أن اللاجئين هم السبب الرئيسي لانعدام الأمن والبطالة والجرائم والفقر والمشكلات الاجتماعية الأخرى. وإنه لمما يثير القلق أن الأحزاب السياسية التي تستغل ذلك ليكون طوق نجاة لها، بدلًا مِن السعي وراء الحلول الحقيقية التي يواجهونها، تزداد قوتها في حلَبة السياسة. وبالطبع تعد محاولات ربط الإرهاب بالإسلام أساس هذه العملية الخطيرة التي وصلت إلى أبعاد وخيمة، خاصة بعد 11 سبتمبر/ أيلول 2001. وقد خربت المشكلات الاقتصادية والاجتماعية التي تعرضوا لها، للأسف، نسيج المجتمعات الغربية.

لا يمكن قبول الموقف الممنهج القائم على معاداة الأجانب وأصحاب المعتقدات المختلفة أو المشاعر الدينية المختلفة، فالتحريض الذي يقوم به السياسيون الذين ينتهجون نهج معاداة المهاجِرين يؤثر بشكل مباشر في إخوتنا الأتراك الذي يعيشون في أوروبا. كما أن منهج «لا نريد أن يدخل المسلمون هذا المكان»، الذي تتبناه بعض الدول التي لها مكان في السياسة العالَمية، أو التي ترغب في الحصول على هذا المكان، إشارة مهمة جدًّا إلى نظرتهم إلى الإنسانية والإنسان.

إنَّ هذه العداوة وهذه الرهبة لتظهر في أربعة أشكال مختلفة، والإرهاب هو أحد أخطر أنواع معاداة الإسلام. ففي السنوات الأخيرة أصبح المسلمون مستهدفين في الأعمال الإرهابية في كلٍّ مِن القارات الأوروبية والأمريكية والآسيوية، والدافع لذلك هو كراهية الإسلام والمسلمين. ويتضح التزايد الكبير في العمليات الإرهابية التي تستهدف المسلمين في أوروبا. وقد أظهرت الهجمة الإرهابية التي حدثت في نيوزيلاندا عام 2019 الأبعادَ التي وصلت إليها كراهية الإسلام. وعندما نتمعن في البيان الذي نشره الإرهابي الذي نفذ العملية الإرهابية نرى جليًّا أن هذه الحالة ليست انعكاسات شعور فردية فحسب، فقد أصبح المسلمون معرضين للعنف يوميًّا في الولايات المتحدة الأمريكية والعواصم الأوروبية. لقد وصلت الهجمات التي تستهدف المساجد في أوروبا إلى درجة مرعبة، كما أن الهجمات التي تستهدف متاجِر المسلمين ومنازلهم ومراكزهم الثقافية تُظهر جليًّا أن رهاب الإسلام وكراهية الإسلام خرجت عن كونها ظاهرة فردية ووصلت إلى نقطة خطيرة.

إن أرقام الهجمات الموجَّهة ضد المسلمين آخذة في التزايد، فموجات معاداة الأجانب والمسلمين التي أخذت في التصاعد منذ عام 2001 وحتى نهاية عام 2020 سببت مئات الهجمات على المساجد والمسلمين

في ألمانيا فقط، ومواطنونا الذين يعيشون في ألمانيا هم الأكثر تعرُّضًا لهذه الهجمات والأكثر تضررًا.

نحن دولة ضحت بمواطنيها في زولينغن، وضَحَّتْ بزهورها الصغيرة التي تتراوح أعمارها بين 10–12 سنة في مولن في مواجهة العنصرية. نحن أمة فقدَت 8 من أولادها قبل عدة سنوات جراء هجمات إرهابية نازية جديدة، وجرت محاولة طمس هذه الجريمة التي أُطلِق عليها «جرائم بائعي الشاورما». لا يمكن أن نسمح بوقوع الجرائم الوحشية، التي دمرت أفئدتنا وتركت آثارًا عميقة في شعبنا، مجددًا. إن هجمات الكراهية هذه تستمر في التزايد بدعم السياسات التي تزداد قوتها يومًا بعد يوم. ومن ثم تُمثِّل الأحزاب الشعبوية اليمينية المتطرفة، التي أصبحت مصدر خطر واضح في العديد من الديمقراطيات الأوروبية، مصدرَ قلق لنا جميعًا.

أما البعد الثاني لمعاداة الإسلام فيتمثَّل في التمييز الموجَّه ضد المسلمين، فالمسلمون يتعرضون للتمييز الممنهج في المناطق التي يعيشون فيها خارج أوطانهم. لقد أصبحت العادات اليومية الخاصة بهم الشغلَ الشاغل للأمن والمخابرات؛ فمساجِدهم مراقَبةٌ، ومنازلهم تُفَتَّش، والشرطة في مدارسهم.

إننا بصفتنا دولة يعيش 6.5 ملايين من مواطنيها في 195 دولة مختلفة حول العالم، نتابع بحزن كيف أن معاداة الأجانب ورهاب الإسلام باتا يتحوَّلان إلى عنصري عدم استقرار. وبالإضافة إلى تركيا، هناك مواطنون للدول الأعضاء في منظمة التعاون الإسلامي يعيشون ويدرسون ويعملون خارج أوطانهم.

أما الأهم من ذلك فهو زيادة عدد المسلمين الذين يعيشون في الخارج بسرعة كبيرة؛ حيث إنَّ 7 بالمائة من سكان إنكلترا يشكلها المسلمون، وبينما يقدر عدد المسلمين في أوروبا بنحو 44 مليون نسمة، يعيش 5 ملايين

مسلم في أمريكا، وهناك ما يقارب 400 مليون مسلم يعيشون في الشتات والأقليات في مختلف أنحاء العالم. وإن الأغلبية العظمى من هؤلاء الناس لا يعيشون في هذه الدول منذ 5-10 سنوات فحسب، وإنما يعيشون فيها منذ عقود، ويستمرون في العيش في هذه الدول ويجدون مستقبلهم فيها أيضًا. إنَّ المنظمات غير القانونية المعادية للإسلام، والعصابات العنصرية، والأحزاب اليمينية المتشددة، والساسة الذين يتطلعون إلى سلطة مبنية على معاداة الإسلام، يستهدفون هؤلاء الذين يبلغ عددهم مئات الملايين من المسلمين، وهذا تهديد خطير جدًّا.

تشكِّل السياسة البعد الثالث لمعاداة الإسلام. وللأسف نجد أن اتجاهًا سياسيًّا يستاء من وجود المسلمين على أراضيه، حتى إنه يحاول ترحيل هؤلاء الناس من المناطق التي يعيشون فيها منذ سنوات إلى بلادهم، يزداد قوةً يومًا بعد يوم، ويحاول إقصاءَ المسلمين وعداءهم بدلًا من رؤيتهم جزءًا لا يتجزأ من ثقافة ومجتمع المكان الذي يعيشون فيه. إن تصاعد اليمين المتطرف في أوروبا يشجع التنظيمات غير القانونية المعادية للإسلام. حتى إن التيار السياسي الرئيسي في أوروبا يحاول التمسُّك بالسياسة مِن خلال التمسُّك بأطروحات الحركات السياسية المتطرفة، خوفًا من فقدان جزء من الأصوات، وقد صار هذا الأمر مدعاة للقلق إلى حد بعيد. إن اللغة والمجال السياسي المعاديين للإسلام ليسا محصورين في أوروبا فحسب؛ إذ إن اللغة المعادية للإسلام بدأت بالتحكم في زمام الأمور في المجالات والممارسات السياسية في كثير من الدول الآسيوية.

أما البعد الرابع لرهاب الإسلام فيتشكل في صناعة الإسلاموفوبيا التي تهيمن على معاداة الإسلام، فقد بدأت تتشكل لغة عالمية تحاول أن تربط بين الإسلام والإرهاب والتطرف والتشدد، وخاصة بعد هجمات 11 سبتمبر/ أيلول الإرهابية.

وقد تحولت هذه اللغة الذميمة إلى منتجات للمجتمع الدولي من خلال وسائل الإعلام والثقافة الشعبية. إنَّ هذه الصناعة لا تقتصر على ميدان إنتاج واستهلاك مبنيٍّ على الحكم المسبق فحسب، بل إنها تظهر كمجال شهد استثمارًا كبيرًا يشمل حملات تشويه وتهميش واعية. ولا تكتفي السياسة في أوروبا بنشر دعاية معاداة الإسلام في الخطابات السياسية فحسب، بل أصبحت لغة التواصل التي يستخدمها المسلمون بذاتهم جزءًا من حياتهم اليومية، حتى إن وسائل الإعلام العالمية تستمر في صبِّ الزيت على النار.

لقد تحولت الإساءة إلى رسول الإسلام (صلى الله عليه وسلم) إلى أداة تحاول وسائل الإعلام الغربية أن تبقيها ضمن جدول أعمالها، ولا يمكن علاج هذا المفهوم ما لم يتخلَّوا عن استخدام الإساءة للإسلام بمنزلة التكتيك. يجب أن تسجل معاداة الإسلام والمسلمين جريمة إنسانية كما سُجِّلت معاداة اليهودية جريمةً إنسانية.

يجب على الجميع أن يرى هذه الحقيقة ابتداء مِن النقطة التي وصلنا إليها ومفادها: أنَّ الإسلاموفوبيا ومعاداة الأجانب، وهذه البنى التي عرَّفناها باليمين المتطرف، لم يعودوا مِن الحركات السياسية. فهذه المصطلحات غير كافية للتعبير عن الحقائق التي نواجهها. إن ما نراه الآن أمامنا بوضوح هو رهاب ومعاداة للإسلام وكراهية للمسلمين، وقد خرجت هذه المشكلة عن كونها مشكلة تخص السياسة أو المجتمع المدني أو الأعمال الأكاديمية أو مؤسسات الدراسات والأبحاث، إذ إنها تهم الوحدات الأمنية ورجال الدولة وكذلك المواطنين في الشارع، ويجب أن تكون مِن أهم موضوعات الحوكمة العالمية.

يجب أن تصنف المنظمات المتطرفة المعادية للإسلام على أنها منظمات إرهابية مثل داعش وحزب العمال الكردستاني، ويجب تقييمها بناء على ذلك.

„ إن معاداة الإسلام، أو بالأحرى
معاداة المسلمين، التي ظهرت
في الغرب عقب الهجمات
الإرهابية الواقِعة في أمريكا
بتاريخ 11 سبتَمبر/أيلول 2001
مستمرة في مضاعفة فاعليتها.

وكما كافحت البشرية معاداة السامية بعد كارثة الهولوكوست، يجب عليها أن تكافح معاداة الإسلام بالعزم والإصرار ذاته. ويجب على المجتمع الدولي أن يُبدِي ردودًا تجاه الهجمات النازية الجديدة كردوده بعد الهجمات التي ارتكبتها منظمة داعش؛ فهما وجهان لعملة واحدة، وكلهم عبارة عن طفيليات تتغذى على دماء الأبرياء.

يجب على وسائل الإعلام، وخصوصًا الغربية، أن تنتقد ذاتها نقدًا لاذعًا، ويجب على الساسة الذين يشقون طريقهم السياسي بتهميش المسلمين أو خلق العداوة بين الشعوب وبين اللاجئين أن يضبطوا خطاباتهم وأقوالهم. وكذلك يجب أن تتخذ سلسلة من الإجراءات الاحترازية؛ كزيادة العقوبات القانونية وتوسيع تعريف الإرهاب في المناهج المدرسية، ويجب التعجيل بتنفيذ ذلك.

إننا نستنكر تقييم الهجمات الإرهابية المنظمة والمدروسة في نطاق الجرائم العادية، وفي الوقت نفسه يجري البحث في احتمالية كون أي حادث سير في لندن أو باريس أو بروكسل أو أمستردام نتيجة لعمل إرهابي؛ فعدم إيلاء جرائم الكراهية الأهمية اللازمة لا يفيد أحدًا، وسيصبح ثمن تجاهل إرهاب معاداة الإسلام باهِظًا جدًّا. كذلك يجب عدم الخضوع لضغوط السياسيين المعادين للإسلام الذين يدعمون لوجستيًّا خطابات النازيين الجدد ووسائل الإعلام العنصرية. إننا نكافح العناوين الصحفية الكبيرة منذ 20 سنة ونكافح حملات الافتراء. وسنقول الحق ونصدح بالحقيقة غدًا كما هو حالنا اليوم.

لا شك أن مهمة مكافحة معاداة الإسلام والعنصرية الثقافية تقع على عاتق الدول الغربية. وعلى المنظمات الدولية أن تأخذ زمام المبادرة في هذا الموضوع على الفور؛ فرهاب الإسلام ومعاداته مسألة أمنية عالمية في

الوقت نفسه، ويجب عى الأمم المتحدة أن تضع جدول أعمال أشمل في هذا الصدد وأن تقوم على تنفيذه.

مع ذلك يجب علينا أيضًا نحن المسلمين أن نتناول هذه المشكلة بجدية أكبر؛ لأن هذه المسألة أضحت تستهدف أمن وحياة الملايين من إخوتنا وممتلكاتهم وحقوقهم وحرياتهم الأساسية. وهناك كثير مِن الخطوات التي يمكننا اتخاذها في منظمة التعاون الإسلامي، فقد أُدرجت قضية معاداة الإسلام ضمن الخطة لعشرية، غير أن التعامل مع هذا الموضوع لم يكن على المستوى المطلوب. فهناك حاجة إلى آلية قوية تحدد وتراقب جرائم الكراهية ضد المسلمين وتُدرِجها في أجندتنا بشكل دائم، ويشترط هنا أن تتعامل المنظمة بشكل مؤسساتي مع هذه التهديدات غير المتكافئة.

إن عدم التغلُّب على الهجمات العنصرية المتصاعِدة وعلى الحركات المتشددة في أوروبا سيجعل من الصعب الوقوف أمام كارِثة خطِرة. يجب على جميع الدول وعى جميع القادة أن يروا مدى الخطورة التي تشكلها العنصرية الممتزجة بمعاداة الإسلام، وخاصة على الدول الأوروبية؛ ذلك أن الشرائح التي تُهمَّش وفقًا للفروقات الدينية أو الشكلية أو اللغوية أو وفقًا للفروقات في لون البشرة، لا سيما الشباب، تصبح -وللأسف الشديد- منفتحة على دعايات المنظمات الإرهابية، ومن ثم يجب الابتعاد عن الخطوات التي تؤدي إلى تفاقم هذه الأمور. وللتغلُّب على هذه التطورات يجب أن يزوَّد الشباب الأوروبي والأمريكي بمعلومات موضوعية أكثر حول الأتراك والإسلام والمسلمين والمجتمعات اللاجئة.

يجب علينا مكافحة هذه المشكلة وبذل جهود مشتركة من أجلها. يجب علينا الاعتراف بأنَّ الإسلاموفوبيا ومعاداة الأجانب والاستجابات العنصرية ستزيد من عمق المشكلة، فلا يمكن قَبول ربط الإرهاب بدين أو شعب

أو منطقة بذاتها، ولا يُعذَر مَن قام بذلك. ومِن الخطأ بمكانٍ اتهام جميع المنتسبين إلى دِين ما بناء على هوية الإرهابي، ودفعهم إلى الدفاع عن أنفسهم كما لو أنهم مجرمون. لا يمكن لأيٍّ مَن كان، ومِن أيِّ مكان كان أن يربط بين الإسلام والإرهاب، ولا يمكنه استخدام الإرهاب كصفة للإسلام، ولا يحق لأي أحد القيام بذلك.

مشكلة فاعلية الأمم المتحدة وتأثيرها

إن معضلات النظام العالمي المتمركز في الأمم المتحدة لا تقتصر على المشكلات التي يسببها الإرهاب الدولي فحسب، إذ إنَّ مشكلة عجز الأمم المتحدة عن أداء دورها وغياب تأثيرها يؤدِّي إلى ظهور مشكلة حوكمة عالمية أكثر عمقًا، وهذه المعضلة تُعيق الأمم المتحدة عن أداء وظيفتها في تحقيق العدالة وتلغي مَهمَّتها الأساسية. فالأمم المتحدة التي مِن المفترضِ أن تكون منظمة عادلة تحقِّقَ العدالة العالمية لم تكن مؤسسة دولية عادلة على الإطلاق، وبسبب غياب عدالتها فقدت دورها بشكل كبير.

إننا نواجه العديد من المشكلات الدولية في جميع أنحاء العالم في يومنا الحالي، إلا أن منظمة الأمم المتحدة -للأسف- عاجِزة عن إيجاد الحلول لهذه المشكلات. وعلاوة على ذلك أضحتْ منظمة مكتوفة الأيدي مفرغة من مضمونها الأساسي بسبب النزاعات والمصالح المتضاربة للقوى الخمس دائمة العضوية فيها. ولهذا السبب، وبدلًا من إيجادها حلولًا للقضايا التي تزعزع الاستقرار العالمي بشدة، أصبحت تتسبب في تعميق المشكلات أكثر.

وعلى الرغم من ذلك فإننا مضطرون إلى إيجاد حلول عالمية للقضايا العالَمية، ولا يمكننا أن نفقد الأمل في الأمم المتحدة. وعلى الأمم المتحدة أن تتَّخذ دورًا فعَّالًا في الحل العادل والمنصف للمشكلات العالمية، ولهذا السبب يجب علينا تسريع جهود الإصلاح. ومن الجدير بالذكر أن أحد أكبر أسباب تفاقم المشكلات هو حق النقض (الفيتو) الذي تمتلكه الدول الأعضاء في مجلس الأمن؛ ذلك أنَّ حق النقض يَحُدُّ من قدرة الأمم المتحدة على التحرك، كما أنه ليس فعالًا في حل المشكلات من خلال المفاوضات. مِن أجل ذلك يجب أولًا وقبل كل شيء إلغاء حق النقض؛ فلا يحق لأحد أن يجعل مصير العالم بأكمله مرهونًا بقرار بين شفتي أي من ممثلي الدول

الخمس، كما أنه لا يمكن تحقيق السلام في عالمٍ القويُّ فيه هو «المحق»، ومن ثم علينا أن نجعل نظام الأمم المتحدة أكثر إنصافًا حتى تكون لها فائدة حقيقية.

إن المصدر الأول لمشكلة الوظيفية والفعالية هو استمرار الهيكلة غير المناسبة لواقِع النظام الدولي القائِم على مِحور الأمم المتحدة. لقد تغير النظام العالمي، وعلى الأمم المتحدة أيضًا أن تعكس هذا التغير؛ فجميعنا فتَحنا أعيننا على الدنيا في نظام ثنائي القطب، وشاهدنا صِراع هذين القطبين في قارّات وبلدان ومجالات مختلفة خلال سنوات دراستنا وشبابنا، وقضينا أيامًا حرجة للغاية حين كان العالم على شفا حرب نووية كانت ستقود العالم نحو كارثة كبرى، شهِدنا صراعات مدمِّرة ومرهقة وغير ضرورية، حيث كان يُنظِر إلى السياسة العالَمية على أنها «لعبة محصلتها صفر»، وتُشن حروب وحشية بالوكالة لتوسيع دائرة النفوذ، ورحَّبنا جميعًا باستِعادة كثير مِن البلدان استقلالها عقب الحرب الباردة. أما اليوم فإننا نواجه مشهدًا مغايرًا تمامًا عما كان عليه قبل 50 عامًا أو 25 عامًا، بل حتى قبل 10 أعوام.

حتى وإن بَرزت بعض القضايا مِن حين لآخر وفقًا لمناطقها الجغرافية فإنَّ هناك قضايا مشتركة مهمة جدًّا تواجهها جميع البلدان في يومنا الحالي، ويرجع مصدر قسم من هذه المِحن إلى عدم اكتمال عملية التحول التي بدأت عقب الحرب الباردة في العالم، والقسم الآخر يرجع إلى عدم استتباب التوازنات بسبب تحوُّل مركز الثقل الاقتصادي إلى منطقة آسيا والمحيط الهادئ. إضافة إلى ذلك فإن الضبابية الاقتصادية، وانعدام التوازن في توزيع الدخل، والفقر، والمشكلات البيئية، وبطالة الشباب، والأوبئة، والإقصاء الاجتماعي تندَرِج تحت المشكلات الأخرى التي نواجهها. إضافة إلى هذه المشكلات يأتي تزايد الهجرة العشوائية والإرهاب والعنصرية وكراهية الأجانب لِتزيد مِن

تفاقم الأزمة. ولا يمكن لأي بلد أن يتعامل مع هذه المشكلات بمنظور «لا بأس، ما دامت المشكلات بعيدة عني»، أو ألا يكترث بها، إذ إنَّ الإسهام في دعم جهود المؤسسات الإقليمية والدولية في مواجهة هذه التحديات، والسعي وراء الحلول، يعدَّان مسؤولية أخلاقية ووجدانية ويقعان على عاتق كل دولة.

أصبحت الآليات المنوط بها إيجاد الحلول تسبب المشكلات بدلًا من حلها؛ وذلك لأنها لا تلبي الحاجة إلى التغيير. وفي هذه المرحلة التي يتعرض فيها كل شيء لتغيرات جذرية يصبح تغيير «البنية الأمنية» الحالية و«النموذج الفكري للسياسة الخارجية» أمرًا حتميًّا لا مفر منه. كما أن الوضع الرَّاهن في مجلس الأمن الدولي، الذي يعد من بقايا النظام العالمي ثنائي القطب، لم يعد يلبي احتياجات يومنا هذا. ولعلنا نشهد اليوم المشكلات التي تسببت فيها هذه البنية في مجالات عديدة، بدءًا من التدخلات الإنسانية وحتى مكافحة التهديدات غير المتكافئة مثل الإرهاب.

أما المصدر الآخر لمشكلة فاعلية الأمم المتحدة وتأثيرها فهو عدم اهتمامها بالقضايا التي تواجهها؛ فقد شهدنا في السنوات الأخيرة الجراح الكبيرة التي سببتها الحروب والعمليات الإرهابية والأزمات الاقتصادية والكوارث الطبيعية، ولم تضع الأمم المتحدة أيَّ خطة وقائية تجاه أي مشكلة منها. كذلك فإن الأمم المتحدة أصبحت ككل عاجزة عن الحركة حينما عجزت الدول دائمة العضوية في مجلس الأمن عن أخذ موقف مشترك تجاه المشكلات، حتى إنَّ الأزمات تفاقمت على مرأى من أعيننا، مِن أفغانستان إلى العراق، ومِن ليبيا إلى سوريا، ومن أراكان إلى نيجيريا، وذلك بسبب الخلافات بين أعضائها، فسالت المزيد من الدماء. إن النظام العالمي الحالي الذي تأسس عقب الحرب العالمية الثانية وتعززت قوته بعد الحرب الباردة،

لم يُرضِ أحدًا باستثناء بعض الأقليات السعيدة التي ضَمِنت وأمَّنت مصالحها.

إنَّ الأمم المتحدة تفقد تأثيرها يومًا بعد يوم، وتستسلم في الأزمات للامبالاة الدول دائمة العضوية، وتعدُّ سوريا نموذجًا واضحًا على هذا، حيث يُضحَّى بسمعة الأمم المتحدة من أجل المصالح القومية لبعض الدول، ويَنجُم عن هذا الظلم خلل وظيفي داخل منظومة الأمم المتحدة.

علينا جميعًا أن ندرك أن هذا النظام لم يعد صالحًا للاستمرار؛ فإما أن نستسلم لهذا التشاؤم القائم، وإما أن نبذل قصارى جهدنا لإقامة نظام عادل مستدام. ونحن لا ننوي الاستسلام، لهذا السبب نقول: «العالم أكبر من خمس»، ولهذا السبب أيضًا ندعم التحول الجذري.

إن الأمم المتحدة كما نرى تفقد فعاليتها في مواجهة القضايا التي تؤثر فينا بشكل مباشر، ومن ذلك الأزمات الواقعة في منطقتنا. وحقيقة عجزها عن الحركة على نحو فعال في العديد من الأزمات وفي مقدمتها الأزمة السورية أمر جليٌّ للعيان. وبينما يوجد ما يقارب 150 قرارًا ضد إسرائيل في الأمم المتحدة ومجلس الأمن فإن أيًّا منها لم ينفَّذ، وإذا لم نطبق القرارات المتخذة فلن تعطي الأمم المتحدة ردة فعل مشابهة. أين العدالة إذن؟ ولهذه الأسباب باتَ من الضروري جدًّا إعادة هيكلة الأمم المتحدة بطريقة تمكنها من مكافحة الأزمات التي نعيشها بفعالية أكثر.

إن النظام غير العادل ليس نظامًا صالحًا للديمومة أيضًا، والبنيَة التي تعطي الأولوية لمصالح الأقوياء على حقوق المظلومين لا يمكنها إرساء الأمن والاستقرار. ولو أن المجتمع الدولي، وفي مقدمته مجلس الأمن الدولي، تصرف بِحِكمة تجاه القضية السورية فهل كان النظام ليتجرأ على شن هجمات جديدة بأسلحة كيماوية؟ أليس السبب في استمرار نظام الأسد بقتل شعبه بوحشية هو إفلاته من الجرائم التي ارتكبها في الماضي؟ هل كان

من الممكن أن تقع هجمات إرهابية في وسط أوروبا لو كان ثمة تعاون فاعل بشأن المقاتلين الإرهابيين الأجانب؟ ولو اتُّخِذ موقف حازم ضد الإرهاب دون التمييز بين المنظمات الإرهابية، فهل كانت حشود القتلة ستنمو بقدر ما هِي عليه الآن؟ ولو مدَّ المجتمع الدولي يد العون للصومال مثلما فعلت تركيا لمواجهة الجفاف الذي ضرب البلاد عام 2011، فهل كان لملايين الناس أن يواجهوا مشكلات مماثلة هذا العام؟

إننا جميعًا نعرف إجابة كل هذه الأسئلة جيدًا. وإنَّ ازدواجية المعايير التي نشهدها في مثل هذه القضايا المهمة المتعلقة بأمننا ومستقبلنا وحياة الإنسان تؤرق كل الضمائر.

أصبح مِن الضرورة إدراك هذه الحقائق؛ فإما أن نعيد صياغة الآليات القائمة أو نستمر في مشاهدة «فيروس التشاؤم» يحيط بنا أكثر. وإما أن نصغي أكثر إلى مطالب واقتراحات الجهات الفاعلة الجديدة، أو نستمر في تقديم «التنفس الاصطناعي» للنظام الذي ينتج اللاحلول. فإما أن ندير رياح التغيير أو ننتظر أن تتحول هذه الرياح إلى إعصار وتدمرنا جميعًا. الخيارات أمامنا جلية وواضحة للغاية.

لا شك أن الأمر متروك لنا لتحويل هذه الصورة السلبية إلى صورة إيجابية، وتحويل الأزمة إلى فرصة. فعندما نستبدل بالمنافسة المدمرة التعاون، وبالصراع التضامن، وبالتوتر الاتفاق، فسيمكننا حينها شقُّ أبواب مرحلة مختلفة. لا يمكن أن يكون أي منا، مهما كان بعيدًا، بمنأى عن المشكلات التي تظهر في مناطق أخرى أو في بلدان أخرى، ولا يمكن أن نكون كذلك.

علينا مكافحة جميع التهديدات التي تواجه سلام الإنسانية واستقرارها؛ من المنظمات الإرهابية إلى تجار المخدرات، ومن المستغلين الاقتصاديين إلى جميع الأفراد والمؤسسات الذين يتصرفون بلا قانونية، فلو خصصتم

الإمكانيات لأنفسكم فقط، وحمَّلتم الآخرين الأعباء، فسيخرج هذا النظام عن صلاحيته للديمومة. إنَّ النظام الحالي للعالم غير صالِح للاستمرار، وبمعنى آخر لقد فشلت الأمم المتحدة والمؤسسات الدولية المماثلة، للأسف، في حماية حقوق المظلومين، ويجب إجراء الإصلاح وإعادة الهيكلة دون التأخر أكثر.

إن الطريقة المثلى لِقلبِ هذا المشهد السلبي هي التعاون بمصداقية، وسوف نحققه تحت سقف منظمة الأمم المتحدة. ونحن بحاجة إلى تطوير وجهة نظر جديدة من أجل تحقيق السلام العالمي. إن حل أي أزمة أو التغلب على أي تهديد لا يكون بتركها وشأنها، وإذا لم تتحرَّك الدول الغربية بالتصدي لعمليات مِثل عداء الأجانب والعنصرية ومعاداة الإسلام، ولم تبدِ الدول الموجودة بمناطق الأزمات إرادة قوية لمكافحة الإرهاب والفقر، ولم نقم جميعًا معًا بتطوير آليات تعاون من أجل تحقيق كل ذلك، فلن يمكننا الوصول إلى أهدافنا المنشودة في تحقيق حياة إنسانية يسودها السلم في عالم مستدام. يجب علينا جميعًا تحمُّل المسؤولية من أجل تحقيق عالم أكثر أمنًا ورفاهية، ويجب أن تتمركز الدبلوماسية الإنسانية في قلب الأمم المتحدة.

إن الخلل في ميزان القوى بالأمم المتحدة وفي مجلس الأمن على وجه الخصوص يظهر جليًّا في الأزمات الواقِعة في كل أنحاء العالم. حسنًا، ولكن ألم تتأسس الجمعية العامة للأمم المتحدة أو مجلس الأمن الدولي في البداية من أجل تحقيق العدل؟ أليس مكانًا تأسَّسَ من أجل توزيع عادل للحريات؟

إن القضية الفلسطينية هي المثال الأبرز على ضعف تأثير الأمم المتحدة وفعاليتها، فعلى الرغم من كل الظلم المستمر في فلسطين على مدى عشرات السنين فقد أفلتت إسرائيل مِن المحاسبة، والآن تعلن الولايات المتحدة القدس عاصمة لإسرائيل. ورغم أنها كانت وحيدة في الجمعية العامة للأمم

المتحدة فلم تعدل عن قرارها، بل والأسوأ من هذا أنها تستمر في اتخاذ مواقف تخالِف تمامًا الاتفاقات التي وقَّعت عليها بنفسها سابقًا، وهذا ما يسمى بالضبط تجاهلًا للأمم المتحدة وأجهزتها. وقضيتنا الأساسية هي بروز هذه التصرفات المخالفة للقانون. إننا عازمون على مواصلة فضح المنتَهِكِين للقانون، ولم نيأس من موضوع حلِّ هذه المشكلات، ولا يمكننا قبول أن يكون العالم مرهونًا بكلمة بين شفتي أي عضو من أعضاء مجلس الأمن. ويمكن للأمم المتحدة أن تنجح في حل مشكلات النظام إن أرادت ورغِبت في ذلك، كما يمكن للاتحاد الأوروبي أن ينجح إن آثر أن يكون نشطًا خارج حدوده. ثِقوا تمامًا أنَّ هذه المشكلات ستُحلُّ إن اهتمت كل دولة على حِدة وكل فرد على حِدة بهذه المآسي التي تعانيها الإنسانية واعترض عليها. لم نفقد الأمل ولن نستسلم أبدًا.

لقد انحازت ثماني دول إلى جانب الولايات المتحدة عند الاعتراف بفلسطين كدولة، في حين اعترفت غالبية الجمعية العامة للأمم المتحدة بدولة فلسطين، وعلى الرغم من ذلك يتواصل القصف على فلسطين، ويعيش الناس في غزة في سجن مفتوح، ولا بد من الحصول على إذن من إسرائيل لإرسال حتى صندوق من الطماطم. ومن ثم لم يمكن الوصول إلى حلٍّ هذه الأزمة الإنسانية التي تحدث على مرأى من العالم.

لا يمكن تحقيق السلام والاستقرار في منطقتنا دون التوصل إلى حلٍّ عادلٍ للقضية الفلسطينية، ولتحقيق ذلك لا بد أولًا من احترام القانون الدولي والقرارات المتخذة. لا أحد فوق القانون، سواء كانت دولة أو فردًا، ولا ينبغي له ذلك، إلا أن القانون الساري في القضية الفلسطينية منذ سنوات هو «قانون القوي»، وتواصل إسرائيل بإصرار وعناد انتهاك القوانين، مستعينة بالجرأة التي تستمدها من قوى مختلفة. وعلى الرغم من كل القرارات

الصادرة ضدها تواصل الاحتلال والظلم والعنف تجاه فلسطين، كما تواصل جهودها لتهويد القدس.

ليس هناك أيُّ فرق بين ممارسات الإدارة الإسرائيلية الحالية والسياسات العنصرية والتمييزية التي طُبِّقت على السود في الماضي في أمريكا وطبقت في جنوب إفريقيا في العهد القريب. ولا مكان في القانون للمستوطنين الذي أحاطوا بالضفة الغربية مثل اللبلاب السام وحوَّلوا حياة إخواننا الفلسطينيين إلى جحيم. كما أن الحصار والقيود المفروضة على قطاع غزة حتى هذا اليوم لا تتوافق مع الضمير ولا مع العدالة ولا مع الإنسانية.

حسنًا، من أين تستمد الإدارة الإسرائيلية هذه القوة والتهور؟ من كونها تعرف أن كل جرائمها وكل المجازر التي ترتكبها أمام أنظار العالم لن تُحاسب عليها، وتعلم جيدًا أنها لن تُحاسَبَ أبدًا على مقتل الأطفال الأبرياء الذين مزقت القنابل الإسرائيلية أجسادهم وهم يلعبون على الساحل، وتعلم جيدًا أنها لن تعاقَب بأي شكل مِن الأشكال على ممارساتها التي تنتهك أبسط حقوق الإنسان. إن كل جريمة تمضي دون عقاب تَزيد مِن طغيان مرتكبها، وهذا هو سبب ارتفاع الجرائم التي ترتكبها إسرائيل في فلسطين، وستظل جهودُ السعي وراء السلام والاستقرار في المنطقة عقيمةً ما لم تحاسب على الجرائم والمذابح والظلم ضمن إطار القانون الدولي.

إن القرار الذي اتخذته الولايات المتحدة بخصوص القدس لا يتوافق مع القانون الدولي ولا مع الضمير ولا مع العدالة ولا مع واقع المنطقة. وقد وجه هذا القرار أكبر ضرباته لمجلس الأمن الدولي، وأمريكا عضو فيه، فقد ضربت الولايات المتحدة الأمريكية بتصرُّفها الأخير ذاك عُرض الحائط بقرار مجلس الأمن رقم 478 الصادر بتاريخ 1980 الذي وقَّعت عليه بنفسها، والذي يَنصُّ على أنه لا يمكن لأي دولة أن تفتتح سفارة لها في القدس.

" باتت الآليات المنوط بها إيجاد الحلول تتسبب في مشكلات بدلًا من حلها؛ وذلك لأنها لا تلبي الحاجة إلى التغيير.

لا يمكن أن تحظى الأمم المتحدة بالمصداقية والاحترام مِن الدول الأخرى إذا كانت الدول دائمة العضوية لا تهتم بأمرها ولا تلقي لها بالًا. فلا أحد فوق القانون ولا يمكن لأي دولة أن تتجاهل القانون الدولي معتمدة على قوتها. قد تكون الولايات المتحدة دولة قوية بأسلحتها. لكنكم لستم أقوياء إلا إذا كنتم على حق، فإن لم تكونوا على حق فلا يمكن أن تكونوا أقوياء، ولا يمكنكم التصرف بسذاجة في أمور حساسة كهذه تؤثِّر في مصير ملايين الناس.

لم يعد العالم كما كان عليه بعد الحرب العالمية الثانية، وفي كل اللقاءات الثنائية التي نعقدها مع الرؤساء أو رؤساء الحكومات يقولون: «نعم، أنتم على حق. والعالم أكبر من خمس»، ولكن حينما نأتي إلى مرحلة اتخاذ خطوات يلتزم الجميع الصمت. حتى قادة الدول الإسلامية لم يعُوا حتى الآن نظرية «العالم أكبر من خمس»؛ لأنهم هم أيضًا اعتادوا على سياسات العبودية، فعندما نلتقي مع قادة الدول الإسلامية يقولون أيضًا: «نعم، أنتم محقون»، ولكن عندما تتاح لهم الفرصة لإلقاء الخطاب فلا أحد منهم يتحدث عن ذلك. للأسف لا تُتخذ خطوات في هذا الموضوع، والكل لديه مخاوف مِن شيء ما. لدى العديد من القادة والدول مخاوف من قَبيل: «تُرى ماذا ستقول الدولة هذه أو الدولة تلك إن تحدَّثت في هذا الموضوع؟»، فيصمت الجميع إما لخوفه أو حرصًا على مصالحه.

نحن سنواصل الحديث، ولا يمكننا تحقيق العدالة ما لم نتحدث، وكل ما نرغب فيه هو «عالم يكون فيه المحِقُّ هو القوي»، وإذا أردنا عالمًا المحِقُّ فيه هو القوي فيجب ألَّا تتحكم هذه الدول الخمس في مصير العالم. ولو آمنا بضرورة إصلاح الأمم المتحدة فيجب علينا إذن أن نخطط لذلك؛ وذلك لأنها حاجة مُلِحَّة لا تحتمل التأخير.

إن بطء آليات البيروقراطية فيما يخص المساعدات الإنسانية وأعباءها المالية يخلِّف انطباعًا بأن النظام لم يُؤسَّس لمساعدة المتضررين وإنما لعمل المؤسسات. كما أن تسليم كل الحِبال لأيدي الدول الخمس في مجلس الأمن الذي يشكِّل القوة العملياتية للأمم المتحدة يصيب النظام بالشلل. واليوم لا نكاد نرى أي وجود للأمم المتحدة في أي من مناطق الأزمات التي يحتاج فيها الناس إلى المساعدة، والعمليات التي يجب القيام بها تؤجَّل باستمرار؛ لأنها تتعارض مع مصالح إحدى الدول الخمس هذه، والإدارات الظالمة المستفيدة مِن هذا الوضع تزيد من قمعها للمظلومين وتتوسَّع في ممارساتها الاضطهادية.

إننا لا نواجه هذه المعايير المزدوجة للمرة الأولى؛ فقد رأينا مشاهِد مشابِهة لها في مناطق كثيرة في العالم؛ مِن سوريا إلى العراق، ومِن أفغانستان إلى أراكان، حتى الإبادات الوحشية في إفريقيا؛ فعشرات الملايين من الناس يضطرون إلى الرحيل عن منازلهم وأوطانهم، بل ويفقدون أرواحهم من أجل مصالح وأهواء البعض. وهناك بشر يموتون وأراض تُسلَب لأن أحدهم لم يتَّخذ القرار أو انتهك بنفسه القرارات التي اتخذها.

لقد قتل مئات الآلاف من المواطنين بوحشية على مدار ثلاثة أعوام ونصف العام في قلب أوروبا الحضارية وعلى مرأى من العالم كله، وشهدت مدينة سربرنيتسا إحدى أفظع جرائم الإبادة الجماعية في التاريخ، وسلمت القوات الهولندية 8 آلاف و372 شخصًا، أغلبهم من النساء والأطفال، إلى مجموعات قومية متطرفة قتلتهم بعد أن لجؤوا إلى سربرنيتسا التي أعلنتها الأمم المتحدة منطقة آمنة، فهل صدر عن الغرب صوت عن هذه الأحداث؟ لا، لم يَصدر عنه أي صوت.

وسوريا هي أحد النماذج التي كشفت الغطاء عن عدم تأثير الأمم المتحدة وعدم فاعليتها؛ إذ إنه على الرغم من فُقدان مئات الآلاف من

الأشخاص حياتهم في سوريا، وتحوُّل البلاد إلى حَلبة صراع بين مختلف الدول والمنظمات الإرهابية، فإن الأمم المتحدة لا ولم تُحرِّك ساكنًا. لم نرَ الأمم المتحدة في سوريا ولم نسمع صوتها، وقد لجأ أكثر من 5.5 ملايين سوري فارِّين من الحرب والقمع إلى دول أخرى، من بينهم أكثر من 3 ملايين في بلادنا، ولا يمكن القول إنَّ الأمم المتحدة قدمت مساعدة جادة لتسهيل حياة هؤلاء اللاجئين.

ونشهد الموقف نفسه يتكرر في المأساة والفاجِعة الإنسانية التي يعيشها مسلمو أراكان في ميانمار، فما حدث في ميانمار وأراكان جليٌّ للجميع، ولكن هل يشعر جميع الشركاء في العالم الإسلامي الشعور نفسه تجاه هذه المأساة؟ لا نشعر بذلك... فلم يشارك في الجلسة الخاصة بميانمار في الجمعية العامة للأمم المتحدة إلا رئيسا تركيا وإيران، وعلى مستوى رؤساء الوزراء كان الحضور مِن كلٍّ مِن بنغلاديش وباكستان، وكان هناك أيضًا نائب رئيس إندونيسيا. فهل الظلم الواقع على المسلمين في ميانمار أمر بسيط إلى هذه الدرجة؟ وهل هي مسألة عابرة إلى هذا الحد؟ لكن للأسف هذا هو الحال. حتى إننا لا نعلم حتى الآن العدد الدقيق للأشخاص الذين فقدوا حياتهم في أراكان نتيجة الهجمات أو في الطريق في أثناء الهروب. إننا نشعر بحزن عميق إزاء الإحجام عن المشاركة في المبادرات الدولية التي تمَّت تحت ضغط من تركيا. فلا يمكن للعالم أن يتحمل كل ذلك القدر من الظلم.

والسبب فيما نعلنه في كل مرة أنَّ «العالم أكبر من خمس» هو أننا لا نوافق على نظام «قانون الغابة» هذا؛ فلا يمكن تحقيق العدالة والاستقرار والسلام في ظل نظامٍ يعطي الكلمة للقوي فقط لا لصاحب الحق. وما استمر هذا النظام على هذا النحو فسوف تتكرر مآسي سوريا وأراكان، وستستمر عمليات الإبادة الجماعية كما حدث في رواندا والبوسنة. إن ما نعايشه اليوم

ما هو إلا محصلة ونتيجة، فالمشكلة الأساسية تكمن في النظام ذاته والذين يفسدون النظام في سبيل مصالحهم الخاصة، ولعله السبب الوحيد الذي يجعل اعتراضاتنا تلاقي ردودًا من جهة وتُفسِد راحة بعض الأشخاص من جهة أخرى.

والفتيل الذي اشتعل مع قرار القدس قد فتح الباب أمام التهديدات ضد الإنسانية جمعاء، ومنها الولايات المتحدة الأمريكية وإسرائيل. ولا يمكن للمشكلات الأخرى في منطقتنا أن تُنسينا أو تُنسي الإنسانية القضية الفلسطينية. إن مثل هذه الخطوات التي تخرق القانون وتؤرق الضمير، تنسف الثقة أيضًا في النظام الدولي والأمم المتحدة، ولا يمكننا أن نقف متفرجين على هذا الوضع الذي يتعلق بمستقبلنا جميعًا.

إن الشعور بانعدام الثقة في الأمم المتحدة التي نقف تحت سقفها، وكذا المؤسسات والمنظمات الدولية، يخدش الإحساس بالعدالة ويدفع ملايين الناس إلى اليأس، وأهم مصدرٍ يُغذِّي الإرهاب العالمي الذي نواجهه اليوم هو الشعور بانعدام الثقة هذا. لقد أضحى الجميع يسعون للبحث عن طرق لحل مشكلاتهم بأنفسهم؛ ذلك لأنَّ الدول التي اجتمعت تحت مظلة الأمم المتحدة بصفتها ممثلة عن العالم كله، عجزت عن إظهار إرادة تمنع جرائم المنظمات الإرهابية والأزمات الإنسانية والمظالم. ولا شك أن ازدواجية المعايير تجاه المظلومين، واللامبالاة بقتل الأطفال، توفر الأوكسجين للإرهاب في جميع أنحاء العالم. لقد وقع العديد من الفئات في فخ الإرهاب جراء اليأس والعجز الذي أصابها، بعد فقدانها الأمل في الأمم المتحدة والمؤسسات الدولية. إن عالمنا ينجرف نحو عاصفة جديدة من الفوضى والظلم.

قضية الشمولية والتمثيل

لا تقتصر مشكلات الأمم المتحدة في يومنا على انعدام التأثير والفاعلية فقط، بل إن من أهم المشكلات الرئيسية الأخرى التي تعانيها الأمم المتحدة اليوم ابتعادها عن الشمولية في التمثيل. وبهذا المعنى فإنَّ الأمم المتحدة تعرِض مشهدًا بعيدًا كل البعد عن أن يعكس واقِع النظام الدولي القائم، وهذا الوضع يجلِب معه أزمة حادة في مسألة التمثيل، وعلينا أن نتوصل إلى أوسع توافق في شأن إصلاح من شأنه جعل مجلس الأمن الدولي أكثر قوة في التمثيل وأكثر ديمقراطية وشفافية وخضوعًا للمساءلة، وأُولى المجالات التي انتكسَت فيها قضية الشمولية هو أنَّ الأمم المتحدة لا تعكس الواقع السياسي للنظام الدولي.

لم نعد نعيش في ظل نظام أحادي القطب يمكن فيه لدولة واحدة أن تتحكم في النظام العالمي، فالعالم في يومنا لا يتشكل من الدول المجتمعة حول قوتين عظميين كما كان الحال فيما بعد الحرب العالمية الثانية، ولا يعيش تحت تأثير دولة واحدة كما كان الوضع عقب انتهاء الحرب الباردة، النظام العالمي في يومنا يتشكل حول محور توزيع القوى الذي تندرج تحته دول كثيرة، والآن هناك تحوُّل سريع الآن تجاه نظام متعدد الأقطاب. إلا أن الأمم المتحدة لا تزال تعكِس السياسة الدولية على أنها كيان تتحكم فيه خمس دول فقط، وهذا خطأ كبير، فالدول الخمس المذكورة لم تعد صاحبة أكبر تأثير في السياسة العالَمية، بل إن بعض الدول لديها تأثير أكبر بكثير من تأثير الدول الأعضاء في مجلس الأمن. أين ستضعون الدول الصاعدة عسكريًّا واقتصاديًّا ودبلوماسيًّا؟ وكيف ستُلبُّون مطالبها؟ وكيف ستَحلُّون المشكلات التي هي جزء منها؟ لهذه الأسباب فإنه من المستحيل أن تصبح أممٌ متحدة تتجاهل توزع القوى الحالي ذاتَ تأثير وفعالية.

„ ليس لأحد الحق في جعل الإنسانية مرهونة بخمس دول. يجب علينا أن نؤمن بأن العالَم كله والدول كلها هي صاحبة قرار في ذلك المجلس، وعلينا السعي لتحقيق ذلك.

لا يشكل توازن القوى وحده البعد الوحيد لغياب الشمولية؛ فالأمم المتحدة لا تتمتع أيضًا بشمولية تعكس بالكامِل التوزيع الديموغرافي العالَمي، ويجب إعادة تحديد بنية مجلس الأمن الدولي مع الأخذ في الحسبان التوزيع الجغرافي والديني لسكان العالم. كما تجب علينا إعادة التفكير في موضوع التمييز بين الأعضاء دائمي العضوية والأعضاء المؤقتين؛ إذ إنه ليست هناك أي مميزات أو صلاحيات للعضوية المؤقتة في معظم الأحيان، وبذلك لا يمكن القضاء على مشكلة الشمولية والتمثيل. وإذا تصرف عضو واحِد مِن بين الأعضاء الخمسة بسلبية في آلية القرار فسوف يؤدي ذلك إلى تعطيل عملية اتِّخاذ القرار بالكامل. والعالم ليس مرهونًا بقرارات الولايات المتحدة وروسيا والصين وفرنسا والمملكة المتحدة، ولا يمكن إدارة العالم ببنية تضم خمس دول من ثلاث قارات، وقد تشكَّل وفقًا للظروف التي كانت قائمة عقب انتهاء الحرب العالمية الثانية، ولا يمكن لهذه البنية أن تكون شاملة، وليس لأحد الحق في جعل الإنسانية مرهونة بخمس دول. يجب علينا أن نَرى أن العالَم كله والدول كلها هي صاحبة قرار في ذلك المجلس، وعلينا السعي لِتحقيق ذلك، فجعل القرارات في الأمم المتحدة مرهونة بما ستقوله الدول الخمس الدائمة العضوية في مجلس الأمن، والتي تضم ما يقارب مائتي عضو، أمر غير قابل للإيضاح، ولا يمكن أن تصِفوا عالَمًا كهذا بأنه عالم حر أو عالم ديمقراطي.

عند النظر إلى الشرائح الدينية تجدون أن ثمة مشكلة في التمثيل داخل الأمم المتحدة أيضًا، كما أنَّ غياب العدالة في آليات اتخاذ القرار وتطبيقه يسبب استياء كبيرًا بين المسلمين؛ فعلى سبيل المثال ليس هناك ممثل واحد دائم للمسلمين في مجلس الأمن رغم أنَّهم يشكِّلون جزءًا مهمًّا مِن سكان العالم، وعند اتخاذ القرار بما يخص إيران والعراق وفلسطين وسوريا على وجه

الخصوص، لا تتخِذ الدول المسلمة هذا القرار، وإنما الدول الخمس الدائمة العضوية في مجلس الأمم المتحدة، وإذا ما استخدمت أي دولة من هذه الدول الخمس حق النقض في أي قرار صائب فسوف يُلغى القرار وتتوقف العملية.

إن مشاركة المسلمين والمسيحيين واليهود والبوذيين جميعًا في آلية اتخاذ القرار من شأنه أن يوفِّر اتخاذ قرارات أكثر عدلًا. فهناك غياب للعدالة في التمثيل الديني في هذا الهيكل. ومِن الممكن أن يصبح مجلس الأمم المتحدة أكثر شمولية إذا اشترك في البنية الحالية خمس عشرة دولة أو عشرون، ويجب أن تكون الدول الأعضاء هذه قابلة للتغيير مرة كل عامَين أو مرة في السنة، ومِن خلال التغيير المستمر يجب أن تمتلك كل الدول الـ 193 الأعضاء بالأمم المتحدة الحق في العضوية بمجلس الأمن الدولي، ويجب أن تحظى كل دولة بالحق في إبداء الرأي في إدارة العالَم.

وبلا شك ستظل منظمة الأمم المتحدة المنصة الدولية الوحيدة المسؤولة عن تحقيق التضامن والسلام والأمن على الصعيد الدولي، إضافة إلى حل المشكلات العالمية. فإذا كانت هناك مؤسسة تقِف مكتوفة الأيدي حين تقع إحدى أكبر مآسي تاريخ الإنسانية في سوريا فهذا يعني أن هذه المؤسسة لا تؤدي واجبها تجاه الإنسانية. وإذا كان الحظر المفروض على كوبا مستمرًّا حتى الآن على الرغم مِن رفضه من قِبل 138 دولة هم أعضاء في الأمم المتحدة فهذا يعني أنَّ العدالة غائبة هنا. وإذا ظلت الأمم المتحدة صامتة حينما تقصف إسرائيل قطاع غزة وتقتل آلاف الأطفال والنساء فهذا يعني أنَّ العدالة غائبة هنا. في النهاية سيبدأ النقاش حول مدى شرعية نظام دولي عاجِز على منع الخلافات السياسية والأزمات الاجتماعية والاقتصادية، ولن تتمكَّن الدول المهيمنة على آليات اتخاذ القرار من أن تلقي بالمسؤولية أكثر على عاتق الدول الأخرى.

قضية الحوكمة العالمية

إن مشكلات النظام العالمي ليست منحصرة في منظمة الأمم المتحدة فحسب؛ فالأمم المتحدة واحدة من الديناميكيات الأساسية للحوكمة العالمية، إلا أن المنظمات الدولية الأخرى أيضًا لا تسهم بالقدر الكافي في وضع نظام حوكمة عالمي جيد. فنظير المشكلات الواقعة في منظمة الأمم المتحدة يَبرُز تأثيرها في المؤسسات الدولية الأخرى أيضًا. وقد صار غياب العدالة والعجز عن أداء المهام من أبرز سمات هذه المؤسسات؛ فمعظم المؤسسات التي أنشئت بهدف التعاون المشترك إما أصبحت عاجزة عن منع الأزمات أو أنها تسببت في تفاقم الأزمات.

والأسوأ مِن ذلك هو أن النفاق السياسي -وكثيرًا ما نراه في السياسة الدولية- أضحى يتجلى في هذه المؤسسات أيضًا؛ ولذلك نطالب بالعدالة أولًا لتحقيق السلام والاستقرار العالميين.

للحوكمة العالمية ثلاث ركائز أساسية؛ أولاها الركيزة السياسية، والركيزة الثانية تتشكَّل مِن الأمن، ولا شك أن الأمم المتحدة هي منظمة سياسية، إلا أنها منظمة رائدة في قضية توفير السلام والأمن العالميين، وبخصوص الأمن تواجه المنظمات الدولية المعنية تحديات مهمة في إطار الحوكمة الأمنية العالمية. أما الركيزة الثالثة للحوكمة العالمية فيُشكلها الاقتصاد؛ فالمِحَن التي يواجهها الاقتصاد العالمي اليوم جليةٌ للعيان، وتوجب علينا تأسيس اقتصاد عالمي أكثر عدلًا، فهل يمكن لنظام يزداد فيه الأغنياء ثراء ويزداد الفقراء فقرًا واستغلالًا أن يُحقق العدالة؟

يتصدَّر حلف شمال الأطلسي (ناتو) موضوع الحوكمة الأمنية العالمية، ونحن في تركيا نهتم بسياسة «الباب المفتوح» التي ينتهجها الناتو، وندافع عن قوة الناتو الرادعة، وقدَّمنا الدَّعم له على مدى سنوات في مكافحته للإرهاب

والآن ننتظر الدَّعم منه، إلا أننا -وللأسف- نلاحظ ضعف الناتو نتيجة تزعزع التعاون المشترك بين الدول الأعضاء. من ناحية أخرى إذا ما نظرنا إلى النزاعات داخل الحلف نجد أنه ليس مِن الممكن حل القضايا الأمنية بصورة عادلة، حيث تنتقد بعض الدول الأعضاء الناتو بشدة، ويوجه بعضها الآخر تهديدات مباشرة لِعضو آخر في الحلف، فكيف يمكن التغلب على الأزمات الأمنية في ظل أوضاع كهذه؟ وهكذا يبرز عجز منظمة الأمم المتحدة أمامنا مِن ناحية، ونزاعات داخل المنظمات الأمنية والدفاعية الدولية مثل حلف الناتو مِن ناحية أخرى.

إنَّ الناتو منظمة نجحت في الحفاظ على قوتها على الرغم مِن التوقُّعات السلبية التي تجلت عقب الحرب الباردة، وبذلك أثبت أنه لا يزال يحظى بمكانة مهمة وحساسة في الدفاع عن كل الدول الأعضاء. ومبدأ الدفاع المشترك هو العمود الفقري لحلف الناتو. وسيتمكَّن حِلف الناتو مِن الدِّفاع عن الدول الأعضاء وخِدمة السلام والاستقرار العالَميين بفضل قوته الرادعة؛ هذا إن تمكَّن مِن الاستمرار على هذا المبدأ خلال السنوات القادمة أيضًا. واليوم يمتلك الناتو الفرصة ليحظى بموقع «المنظمة المفتاحية» في مواجهة التهديدات «العابرة للحدود»، إذ إنَّ التعاون المشترك ذا النطاق الواسع تبدو بوضوح أهميَّته في التصدي للتهديدات الجديدة ذات التأثير العالَمي بطبيعتها. إننا نؤمن بأن هناك مهام كبيرة تقع على عاتق الناتو في مكافحة الإرهاب الدولي؛ ولذلك نرى أن هناك حاجة ماسة أكثر من ذي قبل إلى الفكر الأمني المشترك والمبادئ الرادعة.

إنَّ منظمة تحالفية تمكَّنت مِن الثبات حتى يومنا هذا ومِن الحِفاظ على طابعها المؤسساتي تمتلِك اليوم قابلية كبيرة لتولِّي مهام مماثلة، إلا أن التآكل الذي حدث في النظام العالمي والمؤسسات الدولية في العقود الأخيرة يؤثِّر

في حِلف الناتو أيضًا، إذ يشهد الحلف خلافات حادة بين الدول الأعضاء بخصوص الميزانية وموضوعات مشابهة أخرى، قد تصِل إلى أبعاد تسبب احتمالية ضعضعة هوية حِلف الناتو، فيما هناك حاجة إلى تضامن صادق وفعَّال في مكافحة القضايا ذات الأولوية مثل الإرهاب.

يتأثَّر الاتحاد الأوروبي مِن هذه الأوضاع بالطريقة نفسها؛ فالاتحاد الأوربي اليوم يواجه تحديات كبيرة، كما أنَّ الاتحاد الأوروبي الذي يتجاهل المبادئ التي ادَّعى الدِّفاع عنها على مدى سنوات يظهِر عجزه في كثير مِن الموضوعات، كمكافحة الإرهاب ومشكلة اللاجئين. فلم يعد هناك أي أثر لمناخ التسعينيات ولا بدايات القرن الحادي والعشرين. لا يستطيع الاتحاد الأوروبي الحِفاظ على القيم التي يدَّعي الدِّفاع عنها، ولا يريد ذلك. ولم يعد لدى الدول الأعضاء ولا مواطنيها تطلعات كبيرة فيما يخص الاتحاد الأوروبي، وقد بدأت الشكاوى تظهر بشكل جليٍّ، كما حدث في نموذج «بريكست». ظهرت الشكاوى بشكل واضح جدًّا، وأصبحنا نشهد تصاعد حِدة الخلافات بين الدول. إن أوروبا تواصل الانجرار نحو الانهدام الفكري، ولا تمسك بزمام المبادرة بشكل كافٍ في أي موضوع، ولا تقوى على ذلك، وهي تستسلم للنزعة القومية ومعاداة الأجانب. وأضْحَت العنصرية والإسلاموفوبيا تهددان مستقبل الاتحاد الأوروبي. وعلى الرغم مِن أن بعض المشكلات، مثل الهجرة والإرهاب، باتت تقرع أبواب أوروبا فإنَّ الاتحاد الأوروبي لا يملك خطة شاملة حول كيفية التعامل مع قضايا أمنية كهذه، ولا يسعى لتحقيق تعاون صادق.

لا تنحصر مشكلة الحوكمة العالمية في المنظمات الأمنية والسياسية فحسب، بل مِن الممكن الحديث عن مشكلات مماثلة في المنظمات والمؤسسات الاقتصادية والمالية، مثل صندوق النقد الدولي (IMF)

”لا يمكن تحقيق الأهداف الاقتصادية دون توفير بيئة سلام وأمن واستقرار على الصعيد العالمي.

ومجموعة العشرين (G-20)، ولا بدَّ مِن إيقاف صندوق النقد الدولي عن التدخل في البنية السياسية لكثير مِن الدول إلى جانب عمله في البنية الاقتصادية.

رغم أنَّ مجموعة العشرين تبدو مؤخرًا وكأنها تمارس دورًا أكثر فاعلية مقارنة بالمؤسسات الدولية الأخرى فإنه يجب إزالتها مِن سِمة «نادي الأثرياء»، ويجب إيجاد حلول عالمية للمشكلات العالَمية. ويسعدني أن أرى تشكُّل وحْدة مفهوم تزداد قوة عامًا بعد عام ضمن إطار منصةِ مجموعة العشرين، ومن المهم جدًّا التحرك وفقًا لهذا المفهوم في عصر بات كلُّ تطوُّر اقتصادي يؤثِّر في العالَم بأسره إضافة إلى الدولة المعنية. كما أنَّ دعم جهود الدول للتغلب على الأزمات التي تواجهها مِن خلال تعاون قوي -أي إبرازها كلعبة جماعية- يسهِم في القضاء على هذه الأزمات بسهولة أكبر. وبالطبع لن تتمكن مجموعة العشرين من إحداث التأثير المنشود إن اكتفتْ بأن تكون أرضية للتعاون الاقتصادي فحسب، إذ علينا في الوقت نفسه أن نضمن إسهام مجموعة العشرين في تحقيق السلام والاستقرار العالميين أيضًا، وذلك لأنه لا يمكن تحقيق الأهداف الاقتصادية دون توفير بيئة سلام وأمن واستقرار على الصعيد العالمي.

وعلى هذا فإن مجموعة العشرين تتمتع بالقدرة على التأثير مباشرةً في حياة كل شخص في العالم مِن خلال قراراتها ومواقفها، ونحن نتحرك من منطلق هذا الوعي ومضطرون إلى ذلك. إن مجموعة العشرين ليست ناديًا للأثرياء، ونحن لسنا مجرد مجتمعات وصلت إلى مستوى رفاهية معين فحسب، بل إننا وفي الوقت نفسه نمثل الدول التي لا تزال تواصل جهودها من أجل التنمية أيضًا، فنحن بصفتنا ممثلي الاقتصادات الرائدة الأكبر والأكثر تقدُّمًا في العالَم نتفهَّم وضع الدول النامية والمنخفضة الدخل أيضًا.

وبناء على ذلك يجب أن يكون لدينا ما نقوله في هذا الخصوص، فتنمية الدول الفقيرة أمر في غاية الأهمية، لذا علينا أنْ نُدير هذه البنيَة التي تأسست بهدف ضمان استقرار الاقتصاد العالَمي ليس كما كانت عليه مِن قبل وإنما بطريقة مختلفة تمامًا ومن ثم نحصل على نتيجة مجدية. علينا إذن أن نتناول الشمولية بأوسع معانيها. ويجب أن يكون هناك تضامن فيما يخص الاستثمار، حتى نصِل مِن خلال هذه الاستثمارات إلى النتيجة المنشودة. ولا بدَّ مِن أن تكون صلاحية التطبيق في مقدمة أولويتنا، وعلينا أن ننجح في هذا. وعلينا أيضًا أن نتوجه نحو تولِّي مسؤوليات أكبر بخصوص القضايا الإنسانية الأخرى، وعلى رأسها التخلف الاقتصادي وتوزيع الدخل، ويمكن تحقيق مفهوم حوكمة عالمية كهذا من خلال إدارة مرحلة إعادة هيكلة الأمم المتحدة بشكل أكثر فاعلية.

كما أنَّ المشكلات المتعلقة بالحوكمة العالمية ليست منحصرة فقط في المؤسسات ذات النطاق العالَمي، فهناك مشكلاتُ حوكمةٍ في العالم الإسلامي أيضًا، فعلى الرغم مِن المعايير المزدوجة التي تطبقها الدول الغربية فإنَّ الدول الإسلامية أيضًا تعاني مشكلات جسيمة في تطوير التعاون فيما بينها، وعلى هذا يجب على منظمة المؤتمر الإسلامي أن تكون أكثر فاعلية في حل مشكلات المسلمين.

إذا كان العالم تحت سلطة نظام غير عادل، وإذا كان المسلمون هم الأكثر تضررًا من ذلك، فعلى الدول الإسلامية إذن أن تنتج في هذا الموضوع حلولًا بأنفسها وبإمكاناتها الخاصة؛ لأن البحث عن الحلول في الخارج يخلق عشرات المشكلات الجديدة التي تقع ضحية تضارب المصالِح في الدَّاخل.

وفي ضوء كل هذه التقييمات يتعين علينا أنْ نؤمن بأنَّ إصلاح الأمم المتحدة مسألة حياتية.

فإذا تجاهلنا قضايانا المشتركة في عصر تمرُّ فيه السياسة العالمية بمرحلة ديناميكية كهذه، فسنواجه غدًا تحديات أكبر يصعب علينا السيطرة عليها. إننا مضطرون إلى تأسيس أمم متحدة ضمِنت فعاليتها وأثبتت سلطتها مِن جديد، ووفَّرت عدالة تامَّة في التمثيل، وبإنشاء بنية كهذه فقط يمكننا التغلب على المشكلات الكبيرة التي نواجهها. لم يفت الأوان بعد من أجل هذا الإصلاح، ولا يزال أمامنا فرصة كبيرة لاغتنامها. والمهم الآن تحديد ماهية الأمم المتحدة المطلوبة بكل معناها، وإنشاء نموذج إصلاحي قابل للتطبيق، والأهم مِن ذلك كله هو إظهار الإرادة فيما يخص الإصلاح. ولا يمكننا مضاعفة آمالِنا حول هذا الإصلاح إلا إذا تمسكنا بهذه الإرادة.

الفصل الثاني

إصلاح الأمم المتحدة

إن إعادة الأمم المتحدة تأسيس سلطتها لتكون أكثر فاعلية وردعًا وتأمينًا للعدالة العالمية في عصر يمر فيه النظام العالَمي بالتحوُّل، أمرٌ في غاية الأهمية.

النظام العالمي اليوم على أعتاب تغير جذري. لقد وجدنا أنفسنا بعد انهيار الاتحاد السوفييتي أعقاب الحرب الباردة ضمن نظام عالمي أحادي القطب، وكما أنَّ العالم ذا القطب الواحد لم يحقق العدالة العالَمية، فإنه لم يتمكن كذلك من تحقيق الاستقرار على مستوى عالَمي. فبعد الهجمات غير الإنسانية التي شنها تنظيم القاعدة الإرهابي في سبتمبر/أيلول 2001، أقدمت سلطة واشنطن على تدخل عسكري في أفغانستان والعراق، ولكن هذه التدخلات لم تقضِ على الإرهاب في أفغانستان ولا في العراق، بل على العكس، فإن الحرب العسكرية على الإرهاب زادت مِن تغذية الإرهاب، وتسببت في تجذُّر المنظمات الإرهابية الأخرى، وضعَّفت مِن احتمالية تأسيس السلام والاستقرار العالمي، وخلَّفت فوضى تستحيل السيطرة عليها. واليوم يواجه المجتمعُ الدولي الأزمة التي سببتها هذه الفوضى.

إن الإنسانية اليوم تقف في نقطة تحول؛ إما أن نتبنَّى مفهومًا جديدًا يؤسس العدالة والسلام والاستقرار العالَمي، وإما أن ننجرف وراء التيار

العالمي الحالي ونغرق، ولا يمكن لأي من كان صدُّ هذا التيار بمفرده، وإذا كنا نعتقد أننا نبتعد عن المشكلات بالانطواء على النفس فنحن مخطئون. فجميع المشكلات التي تزعزع استقرار النظام العالمي هي في النهاية تهديد للبشرية جمعاء، ولا بدَّ أنه سيأتي يوم نجد فيه مشكلات مثل الإرهاب الدولي، والهجرة العشوائية، والمجاعة، والقحط، والتغيرات المناخية، والوباء العالمي تطرق أبوابنا. وها هي تطرقها لآن.

إننا مضطرون لتطوير مفهوم جديد للحوكمة العالمية، حيث من الممكن إنشاء عالم أكثر عدلًا ومساواة، مبنيٍّ على مفهوم يعمل بحس المسؤولية المشتركة، ويتمتع بآليات حلٍّ فعَّالة، ولا يستند إلى المصالح الوطنية وإنما إلى المصالح المشتركة للإنسانية. أما الشرط الأساسي لتأسيس هذا العالم فهو إعادة تأسيس بنية حوكمة عالمية أكثر عدلًا. إننا بحاجة إلى تأسيس نظام عالمي يعيد بناء جميع ركائز بنية الحوكمة العالمية أو الإدارة العالمية بشكل فعال ومتين، بكل ما يتعلق بها من مجالات؛ مِن الأمن إلى السياسة، ومِن الاقتصاد إلى الصحة.

لقد انتهى العالم ذو القطب الواحد، وها هو عالَم جديد يولد؛ عالم متعدد الأقطاب تُتَوزَّع فيه القوى على نطاق عالَمي، والتصدِّي لها يعني التصدي لِمجرى التاريخ، ما يعني السباحة عكس التيار. إننا مضطرون إلى إنشاء نظام جديد يناسب حقائق هذا العالم الحديث، وفي هذه النقطة تقع مسؤولية كبيرة على عاتق الأمم المتحدة. يجب علينا أن نراعي الحقائق الجديدة للعالم أثناء إعادة هيكلة الأمم المتحدة. فإعادة تشكيل أمم متحدة قد جُدِّدتْ سلطتها لتكون أكثر فاعلية وتمثيلًا وشفافية وخضوعًا للمساءلة ليس ضربًا من الخيال.

ولكي نؤسس منظمة أمم متحدة جديدة تناسب نظامًا عالميًّا جديدًا، نحتاج أولًا إلى تغيير في العقلية؛ فلا يمكننا أن نترك سياسة العالم تحت

تصرُّف خمس دول، بل يجب علينا أن نتبنى فكرة كون العالم أكبر من خمس مبدأ لا نحيد عنه؛ إذ لا يمكن ترك النظام العالمي محكومًا بمصالح وأطماع وأهواء خمس دول. فالأمم المتحدة منظمة عالمية، ولا بد أن تكون مركزًا لحل المشكلات العالمية، وللأسف أنه منذ اليوم الأول لم تستطع الأمم المتحدة التي وُلِدت باسم العدالة والسلام أن تكون الدواء الناجع لقضايا الإنسانية هذه؛ وذلك بسبب المشكلات الموجودة في هيكلها، ومن ثم فليس من الممكن أو الصواب أن تستمر بحالها هذا في المرحلة التي وصلت إليها السياسة العالمية اليوم. نحن الآن أمام حقيقة في غاية الحداثة، والأمم المتحدة التي لا تستطيع التأقلم مع هذه الحقائق الجديدة لا يمكنها أن تستمر في شرعيتها ولا أن تقيم سلطتها ولا أن تساهِم في السلام والاستقرار العالميين.

بيد أن هذه الأمم المتحدة بدأت مسيرتها قبل 76 عامًا، عقب أكبر مأساة في تاريخ البشرية، معتمدة خطاب العدالة والوظيفية، والقضايا التي نجحت في حلها طيلة هذه المدة محدودة جدًّا للأسف، فضلًا عن أنها تتقدم اليوم نحو طريق منعدم العدالة والوظيفية. ازداد عدد أعضائها من 51 إلى 193، وتغيرت مراكز الثقل في الاقتصاد العالمي، وأصبح النظام العالمي يؤسَّس من جديد تبعًا للتوازنات العسكرية والاقتصادية والدبلوماسية المتغيرة، ويشير النظام العالمي الجديد إلى انزياح النظام الجيوسياسي الذي كان يتمركز في أوروبا في القرنين التاسع عشر والعشرين نحو الشرق، فالنظام العالمي اليوم يبتعد سريعًا عن مركزيَّته في الغرب، ومن ثم فإن إدامة الأمم المتحدة بصيغتها الحالية في مثل هذه المرحلة تشكل تضاربًا مع ديناميكية المرحلة الجديدة الجيوسياسية والجيواقتصادية والجيوثقافية. نحن اليوم أمام عالم ديناميكي في جميع المجالات الثلاثة، والمجالات الثلاثة مرتبط بعضها ببعض؛ فالأزمة التي تقع في إحداها تؤثِّر بشكل مباشر في استقرار الأخرى.

لا بد لعملية إصلاح الأمم المتحدة من أن تتناول كل المقومات الاقتصادية والسياسية والثقافية من جديد؛ إذ إنَّ هناك سياسة عالَمية ديناميكية في جميع المجالات الثلاثة. وكلما تغير العالم من أحادي القطب إلى متعدد الأقطاب، عجَزت تلك الدول التي منحت نفسها دورًا عالَميًّا -والتي ترى نفسها الممثل الوحيد للقيم الكونية- عن إصلاح المشكلات في النظام، بل إنها تزيد مِن تعقيد الأمور؛ إذ إنها تلجأ إلى سياسات أكثر صرامة وقسوة من أجل إدامة سلطتها العالمية، وتقدِّم مصالحها الخاصة على كل شيء، ولا تحترم قيم الآخرين ومصالحهم قطعيًّا، وعليه فإن تأسيس استقرار دائم في عالم كهذا لن يكون إلا محض خيال، ثم يشتكون بعد ذلك من عدم الاستقرار. فمشكلات النظام العالمي لا تنتهي بالعد، أضفْ إليها التوترات بين الدول التي نجمت عن فراغ القوة الحاصل في النظام الدولي في الفترة الأخيرة، وبدأت الحمائية والقومية المتطرفة والإقصائية في الازدياد، فالعالم اليوم هو أشبه بعام 1939 منه بعام 1945، ومن ثم فهناك حاجة ماسة إلى بحث مِن أجل السلام والاستقرار، وما تزال الأمم المتحدة، على الرغم من كل عيوبها، هي الأرضية الأكثر مؤسساتية لهذا الاستقصاء.

لهذا السبب بالتحديد نجِد أنَّ إصلاح الأمم المتحدة من أولويات السياسة الدولية، فإما أن تقوم البشرية بإصلاحات حقيقية وصادقة على مستوى الأمم المتحدة تعمل من خلالها على إنتاج حلول للمشكلات العالمية وإما أنها ستضطر إلى البدء من نقطة الصفر بعد المرور بمآسٍ كبيرة. إن مِن واجب قادة العالَم اتخاذ مواقف وقائية قبل فوات الأوان. إننا مجبرون على جعل المؤسسات الأمنية المشتركة تتوافق مع ظروف العالم الجديد كي نتمكّن مِن ترك ميراث أكثر عدلًا وديمومة، ونتمكن كذلك مِن تجنُّب الكوارث المروِّعة.

لقد نوقشت أمور الإصلاح منذ سنوات طويلة، ونُظمت اجتماعات

رسمية وشِبه رسمية، ونوقِشت نماذج إصلاحية تتبنى منظورات مختلفة، وعُرِض ضمن هذه النماذج كثير من العناوين، ولكن للأسف لم تُسجَّل أي تطورات حتى يومنا هذا، ولا يبدو أنها ستسجِّل تطورًا. بل على النقيض من ذلك، فكل النقاشات تُقدَّم فداء للمصالح القومية الضيقة للدول، وتُحبَسُ في مراحِل مسدودة، وبدلًا مِن التركيز على الموضوعات الطارئة والاستراتيجية تختنق بتفاصيل الموضوعات الثانوية، وتذهب ضحية لمنطق التنازلات والمساومات، وتظهر تفاصيل وتشعُّبات جديدة نتيجة استخدام الأساليب التدريجية بدلًا مِن استخدام نهج ثوري.

يمكننا القول إنَّ مساعي الإصلاح التي بدأت في تسعينيات القرن الماضي عُلِّقت بشكل شبه كامِل، حيث كان المجتمع الدولي يسعى لتحقيق مصالحه الخاصة بدلًا مِن الاهتمام بإيجاد حل لمشكلة الحوكمة العالمية. دعونا نتناول إحدى أكبر المشكلات التي نواجهها اليوم؛ مشكلة جائحة فيروس كورونا المستجد. إن السبيل الوحيد للتغلُّب على أزمة الصحة العامة العالمية هو تأسيس آلية حوكمة مشتركة وتفعيلها، إلا أنَّنا نرى أنه حتى منظمة الصحة العالمية والتي من المفترض أن تكون السلطة الوحيدة في هذا الموضوع تتأخر في إعلان أن هذه الجائحة وباء عالمي، ولا تحذِّر المجتمع الدولي بشكل كافٍ لاتخاذ قرارات وقائية، بل إنها تقِف مكتوفة الأيدي إزاء رفع مستوى الوعي في هذه القضية. هذه المشكلة وحدها كافية للإشارة إلى وجود مشكلة حوكمة عالمية.

جميع جهود الإصلاح حتى هذا اليوم كانت -للأسف- بعيدة كل البعد عن الشمولية والمبدئية والتركيز على الحلول الاستراتيجية، بل إنها حُوِّلت إلى تكتيك مماطلة، وأصبحتْ رهينةَ مرحلة يُعبِّر فيها الممثلون عن اعتراضاتهم دون أن يلقوا أي نتيجة. قُلِّصت عملية الإصلاح حسب فئات الدول، وتُرِكَت

" لا بد لعملية إصلاح الأمم المتحدة من أن تتناول كل المقومات الاقتصادية والسياسية والثقافية من جديد.

لنقاشات طويلة وبلا جدوى، وأُهمِلت المبادئ المُعتَرف بها مِن قِبل الجميع. وفي ظِل هذه الفوضى ليست هناك خارطة طريق تُتَبَع ولا خطوة تُخطَى.

لذلك يجب وضع الموضوعات الثانوية جانبًا خلال مرحلة إعادة هيكلة الأمم المتحدة. ويجب ترك النقاشات المفتوحة، ويجب على الدول ومجموعات الدول أن تتخذ موقِفًا إصلاحيًّا حقيقيًّا يقوم بتغيير نظام الأمم المتحدة تغييرًا جذريًّا بدلًا مِن مراعاة مصالحها الضيقة، ويجب عليها أن تنجح في التركيز على أهدافها الاستراتيجية؛ حينها فقط يمكن إنشاء أجندة خالية مِن الامتيازات وعادلة ومستدامة.

لا يمكن أن تكون الأمم المتحدة عادلة ومستدامة إلا بضمان تمثيل عادل لكل دولة وتغيير توازن القوى الحالي في النظام الدولي. ما يعني؛ أنه يجب أن تؤسس على التوازن في العدالة والقوة معًا. وبهذا ولإيجاد حل فعال يجب مناقشة العلاقة بين الجمعية العامة ومجلس الأمن بكل صدق. فلن تتحقق العدالة ولا يمكن للأمم المتحدة أن تحافِظ على نفسها ما لم تكن الجمعية العامة هي السلطة التشريعية ومجلس الأمن هو السلطة التنفيذية.

لا يمكن الاستمرار بهيكل يتمتَّع فيه أعضاء مجلس الأمن بصلاحيات دائمة وغير محدودة ولا يخضعون فيه للمساءلة من قِبل الجمعية العامة، فلا يمكن لمجلس الأمن أن يكون مستقلًا عن الجمعية العامة، بل يجب عليه الخروج منها وتعرُّضها للمساءلة مِن قِبله، حينها فقط يمكن للأمم المتحدة أن تخدم السعي إلى تحقيق العدالة والاستقرار. أما الخطوة الاستراتيجية التي ستُتَّخذ لإقامة علاقة بين الجمعية العامة ومجلس الأمن فتتطلب إعادة النظر في صلاحيات حق النقض، إذ لن تكون أي خطوة إصلاحية ناجحة ما لم يُلغَ حق النقض؛ لذلك يجب وضع جميع الموضوعات جانبًا والتركيز على صلاحيات حق النقض والتحرُّك مِن قِبل المجتمع الدولي حول هذا

الموضوع، والتركيز على الهدفِ الحقيقي بدلًا مِن بذل الوقت والجهد والضياع في طرقات مسدودة هو الطريق الوحيد المفتوح. فإن كنا صادقين في إصلاح الأمم المتحدة فيجب علينا أن نتقبل مبدأ «العالم أكبر من خمس»، وعلينًا أولًا رفع هذه الامتيازات.

هذا المقترح ليس حسمًا مثاليًا، بل إن خلق جدول أعمال يتمركز حول حق النقض والحصول على النتيجة المرجوة من جدول الأعمال يُعدُّ خطة واقعية لأبعد الحدود. ورغم كل الانجراف في هذا الانقسام وجدول الأعمال المعقَّد، أبدت غالبية الدول الأعضاء في الأمم المتحدة قدرتها على الاتحاد عند الضرورة في موضوعات معينة. يمكن لنهج «العالم أكبر من خمس» أن يكون نقطة انطلاق ومنصة وثب للإصلاح.

يعد اجتماع روما عام 2011 لمجموعة «متحدون من أجل الإجماع في الرأي» (Uniting For Consensus)، وتركيا أحد أعضائها، واحدًا من أفضل النماذج على ذلك. لقد شاركت 120 دولة في هذا الاجتماع، وفي الأصل أنه يكفي أن يصوِّت ثلث أعضاء الهيئة العامة للأمم المتحدة لاتخاذ أي قرار. فإن كان بالإمكان اجتماع 120 دولة من فئات ومناطق مختلفة في موضوعات مهمة، فيمكن اجتماع 130 دولة من أجل موضوع يعنيها جميعًا، ومن ثم يمكن اتخاذ القرار كذلك.

بالطبع لا يكفي من الناحية المؤسساتية أن يصوِّت ثلثا أعضاء الجمعية العامة للأمم المتحدة لاتخاذ أي قرار، إذ إنَّ استخدام دولة واحدة من الدول الأعضاء في مجلس الأمن حق النقض كاف لِتذهب كل هذه الجهود سدى، ومِن الممكن رفض قرار كهذا في مجلس الأمن غالبًا، ولكن ستكون هناك نتائج مزلزلة وواقعية لهذا الأمر أيضًا. وهذا هو بالفعل ما يجب القيام به؛ زلزلة هذا النظام وإعادته إلى صوابه. وستكون هناك عواقب أخلاقية

وسياسية ودبلوماسية لاستخدام حق النقض هذا أمام قرار اتخذته 193 دولة. وما يجب القيام به هو أن نخطو خطوات حقيقية تحقق العدل والفاعلية لا النزاعات مِن أجل لمصالح الضيقة باستخدام عناوين هامشية ومحاولة اكتساب الامتيازات.

الحاجة إلى الإصلاح

هناك حقيقة مؤلمة يظهرها لنا تاريخ الإنسانية، وهي أن الدول تنجر إلى الحرب أولًا، ثم تدرك مدى أهمية السلام، ويتصرف الجميع بعقلانية بعد الكوارث الكبيرة ويُشرع في مساعٍ جديدة. فيختفي البحث عن مؤسسة ونظام دولي تمامًا وتحل مكانه مؤسسة جديدة. وعندما ننظر إلى القرن الماضي من تاريخ العالم نجد أنَّ هذا الأمر متكرر، مع أنه يجب التحرُّك قبل حدوث كل هذه المآسي؛ يجب البحث عن السلام في السلام، ويجب حشد الوسائل المتاحة للبشرية قبل فوات الأوان، وتعزيز الوسائل غير الكافية.

تندلع الحرب نتيجة التفاعلات التي يشارك فيها طرفان فاعلان على الأقل، وبينما لا يكفي أبدًا أن يسعى طرف واحد من أجل السلام، يمكن أن تنشب الحرب جراء موقف الإهمال والجشع من قبل طرف واحد، فلا بد من تضافر الجهود مِن أجل السلام، ولا يمكن تحقيق العدالة المرضية أو الاستقرار المستدام دون موقف جماعي. ومِن أجل هذه الأهداف أنشئت الأمم المتحدة وأعيد إحياؤها، ولكنْ نظرًا إلى حالها هذا البعيد عن الوظيفية تتحول تدريجيًا إلى مشكلة بحد ذاتها، فضلًا عن عدم معالجة مشكلات البشرية. إنها بحاجة ماسة إلى إصلاح عاجِل وإلى تأهيلها لتكون صالِحة لظروف العالم الجديد.

إن إصلاح المؤسسات الدولية وتلبية توقعات الجهات الفاعلة الناشئة وتغيير توازن القوى الدولي في العالم الجديد بشكل أفضل؛ لم يعد خيارًا بل أضحى ضرورة، وبخلاف ذلك فلن تكون النتائج في مصلحة أحد. والخطوة الصحيحة التي يمكن اتخاذها هي البدء بالعمل مِن اليوم بدلًا من الانجرار إلى مرحلة لا يفوز فيها أحد.

إنَّ الجهات الفاعلة الدولية لتتهرب من المسؤوليات الواقعة على عاتقها. فكل دول العالم، وفي مقدمتها الولايات المتحدة الأمريكية، تسبب فجوة قوة في النظام الدولي، وترغب مختلف الجهات الفاعلة غير الحكومية التي تسللت مِن هذه الفجوات والدول الأخرى في تحويل هذا الوضع إلى فرصة. وتتسبب هذه الفرص في تواجه ممثلين مختلفين في أرضيات مختلفة، وهذه المساحات التي يراها الجميع فرصةً تبدو جذابة جدًّا، ويؤدي الانجذاب المتضخم إلى تصورات خاطئة.

هناك بيئة مناسبة جدًّا لتولد من جديد كل المفاهيم الخاطئة التي ظهرت قبل الحرب العالمية الثانية. وما دامت القوى العظمى لا تقِف موقف المسؤولية، ولا تظهر عزمها على الحفاظ على السلام والعدالة، فإن احتمالية اندلاع حرب بين الدول ليس بعيدًا، واحتمال تحوُّل هذه الحرب إلى حرب عالمية مرتفع للغاية.

وهنا يجب السعي لتحقيق السلام قبل فوات الأوان، كما يجب حشد جميعَ الجهات الفاعلة والمؤسسات المتاحة. يجب حل المشكلتين الأساسيَّتين، ولا بد مِن إقامة التوازن بين العدالة والسلطة؛ ولهذا السبب يجب أن نعمل على أن تستعيد مؤسسة مثل الأمم المتحدة احترامها، وأن نجعل من هذه المؤسسة القائمة مؤسسة متلائمة مع ظروف هذه الفترة.

يجب أن تكون الأمم المتحدة جاذبة ورادعة لكل دولة في الوقت نفسه. ويجب أن تؤمن الدول بفكرة أنه يمكن حماية حقوقها في هذه المؤسسة، وأن ترى قدرةَ هذه المؤسسة على حماية حقوق الآخرين. الأمم المتحدة ليست مناسبة لهذا على الإطلاق بسبب هيكلها وعملها الحالي، كما أنَّ بعض الأعضاء دائمي العضوية يؤمنون بعدم عدالة الأمم المتحدة وفقدان وظيفتها، أما البلدان الأخرى فهي في وضع وخيم، حيث يرون أن مصالحهم ليست

محمية، ويعتقدون أيضًا أن أرضية الأمم المتحدة ليست مكانًا للحل. إننا نواجه أممًا متحدة يتلاشى تأثيرها في أعضائها تدريجيًا.

إذا كان هناك وقت للإصلاح فهو الآن بالتحديد وليس بعد الحرب. وفي الحقيقة لا يعد هذا الموضوع حديثًا، فمنذ عقود يدور الحديث عن حاجة الأمم المتحدة إلى الإصلاح، وحتى كبار ممثلي الأمم المتحدة قد اعترفوا بهذا الأمر، وقدموا الدراسات حول كيفية إصلاح الأمم المتحدة، وقد كانت واضحة صيغة الإصلاح التي تطلبها كل دولة. وحدث أن توزعت الدول على فئات مختلفة وتنافست فيما بينها في مقترحاتها. وعلى الرغم من ظهور هذه الجهود في التسعينيات، فإن الاضطرابات الناشئة في نظام الأمم المتحدة تعود إلى تاريخ أبعد بكثير، بل ربما إلى مرحلة التأسيس؛ إذ إنَّ الأمم المتحدة كانت مجرد صيغة لإعداد المنتصرين في الحرب العالمية الثانية لحرب الجديدة.

لقد جرى تقسيم مجلس الأمن بين أطراف الحرب الباردة بشكل مباشر؛ أمريكا من جهة، والاتحاد السوفييتي من جهة أخرى، وقد أخذا إلى جانبهما على التوالي كلًا من فرنسا وإنجلترا والصين، وأنشؤوا هيكلًا مستقطبًا هناك أيضًا، أما دول العالَم الأخرى فقد قيَّدوهم بسلطة محدودة جدًّا ضمن الجمعية العامة.

خلَّفت البنية الراكدة للحرب الباردة والانضباط بسياسات قوتين عظميين بيئةً لا يمكن فيها السعي وراء التجديد، أما بعد الحرب الباردة فقد وجدت نقاشات الإصلاح مكانها على أرضية حيَّة ومؤسساتية أكثر. وفي عام 1992 شُكلت مجموعات العمل مفتوحة العضوية.

أعيد إحياء النقاشات من جديد في قمة 2005، وظهر النموذجان (أ) و (ب) في مقترح كوفي أنن، إلا أنها بقيت مجرد كلام فارغ المحتوى. وفي عام 2008 اكتسبت النقاشات اهتمامًا مجددًا، وعلى ما يبدو عُلقت ابتداء من

عام 2013، أما الآن فتكاد تكون طيَّ النسيان بالكامل، وفي وقت أمسَّ ما تكون الحاجة إليها؛ فالقانون الدولي ومجالسه بات تحت الأقدام.

ربما يمكننا القول إنه لم تُتخذ أي خطوات واقعية تقريبًا خلال هذه الفترة؛ إذ إنَّ جميع الأعضاء دائمي العضوية، وفي مقدمتهم أمريكا، أضعفوا توقعاتهم بشأن الأمم المتحدة، ولم يفوا بالمسؤوليات التي تطلَّبتها منهم منظومة الأمم المتحدة. فعندما أدركت الولايات المتحدة الأمريكية التي خاضت حرب العراق عام 2003، أنها لن تتمكن مِن الحصول على النتيجة المنشودة من الأمم المتحدة، قررت السير من دونها، وبهذا وجَّهت ضربة كبيرة لها ولرسالتها في السلام. وكذا لم يتوانَ الأعضاء دائمو العضوية الآخرون عن استخدام حق النقض بما يتماشى مع مصالحهم الوطنية الخاصة.

إضافة إلى ذلك فإن التوقعات بشأن توسيع مجلس الأمن كانت على الدَّوام توقعات فارغة بالنسبة للبلدان المرشحة، وبينما تناولت دولٌ مثل ألمانيا واليابان والبرازيل والهند القضية من خلال عضويتها، فإن دولًا مثل إيطاليا وكوريا الجنوبية والأرجنتين وباكستان ذكرت أنه يجب عدم استبعادها عن مطالب التوسيع هذه. وبينما دافعت كل دولة في كل فِئة عن مصالح فئتها، ودافعت كل دولة في كل منطقة عن مصالح منطقتها ودولتها، اتَّخذت الدول الخمس دائمة العضوية هذه المعضلة ذريعة لها وواصلت امتيازاتها داخل مجلس الأمن. لكن المشكلة الأساسية كانت ضَعفَ الجمعية العامة يومًا بعد يوم خلال تلك الفترة.

على الرغم من أن التنظيمات الإجرائية للتحسين بدت وكأنها تزيد من قوة الجمعية العامة، فإنها في الواقع تحولت إلى بنية تمَّ تعطيلها دائمًا خلال الفترات الحرجة، فعلى سبيل المثال القرار الذي اتَّخذته الولايات المتحدة الأمريكية بالاعتراف بالقدس عاصمة لإسرائيل خلال عام 2018، أدين في

”يجب أن تكون الأمم المتحدة جاذبة ورادعة لكل دولة في الوقت نفسه. ويجب أن تؤمن الدول بفكرة أنه يمكن حماية حقوقها في هذه المؤسسة، وأن ترى قدرةَ هذه المؤسسة على حماية حقوق الآخرين.

الجمعية العامة بأغلبية 128 صوتًا مقابل 9 أصوات، إلا أنَّ الولايات المتحدة الأمريكية لم تكترث أبدًا بهذا القرار. وهذه ليست قضية أمريكية فقط؛ فجميع الأعضاء دائمي العضوية لا يرون أي مشكلة في إظهار مواقف مماثلة حينما يُعارِض القرار مصالحهم الخاصة. وعند النظر إلى تاريخ الأمم المتحدة مثلًا نجد أن الصين كانت أقل الدول استخدامًا لحق النقض، إلا أن الصين أيضًا بدأت استخدام حق النقض بعد أن أصبحت تظهر وجودها السياسي على جدول الأعمال مؤخرًا عقب النمو الاقتصادي. هذا المثال وحده يُظهر لنا كيف يمكن استخدام حق النقض بسهولة، وكيف يمكن أن يكون آلة في سبيل تحقيق المصالح الوطنية.

خلاصة الكلام؛ أنه على الرغم من التغيرات الكبيرة التي شهدها العالم خلال 75 عامًا، فإن الأمم المتحدة فشلت في تكييف ذاتها مع هذا الواقع الجديد. ومِن الخطأ بِمكان أن نترقَّب مِن الأمم المتحدة أن تكون حلًّا لِواقِع اليوم وأن تسعى لتحقيق العدالة، وقد أنشئت منذ البداية بصيغة غير عادلة ومختلة وظيفيًّا، ومن ثم لا يمكن استمرار هذا الوضع؛ فالأمم المتحدة بحاجة إلى عملية إصلاح حقيقية ويجب تحقيقه على وجه السرعة، وإلا فمِن الممكن أن ينساق العالم بسرعة إلى جهة تُلحِق الضرر بالجميع. ويمكن أن تطلب البشرية معالجة هذه المشكلة مرة أخرى بعد مآسٍ وخسائر فادِحة، إلا أن الأوان سيكون قد فات. إن من الضروري مناقشة السعي مِن أجل العدالة والسلام قبل فوات الأوان.

ولطالما أولت تركيا الاهتمام بهذا الأمر وستواصل اهتمامها، فإن تأسيس الأمم المتحدة لهيكل عادل وقوي أمر لا مفر منه من أجل شرعية ومسيرة النظام الدولي. ومن الضروري دعم الخطوات المتَّخَذَة في هذا الاتجاه، والحديث برحابة صدر عن المقترحات، حيث إنَّ المرحلة الحرجة التي نمرُّ بها تحتوي على عناصر خطيرة إلى حد أنه لا أحد يعرف عواقبها.

لا تزال هناك قضايا على أرض الواقع مثل الإرهاب والهجرة والظروف المناخية والاحتباس الحراري والجوع والجفاف والظلم ومشكلات النمو المستدام والدول الفاشلة، وأضيف إليها مؤخرًا احتمالية حدوث صراعات بين الدول للأسف، والتفاعل الاجتماعي المتصاعد والقومية الإقصائية والحمائية على وشك إتمام دائرته، والإنسانية تعدو نحو الحرب، وفي حال عدم العثور على حل اليوم فقد يكون الأوان قد فات في الغد.

الحرب مشكلة عالمية: والحد منها إنما يتحقق من خلال الجهود العالمية لا غير، والوسيلة الوحيدة المتاحة للإنسانية هي الأمم المتحدة رغم كل مشكلاتها، ومن ثم يجب إصلاح الأمم المتحدة بشكل قطعي وعاجل.

مبادئ تهدف لإصلاح الأمم المتحدة

لقد حان الوقت للقيام بعملية إصلاح ثورية بخصوص الأمم المتحدة، ولا بد مِن طرح مبادئ قوية من أجل تعزيز حركة الإصلاح هذه ونقلها إلى نقطة من شأنها تحقيق نتائج، وفي الوقت نفسه لا بد أنَّ تشكل هذه المبادئ ركائز أساسية ستضمن ديمومة النظام الذي سيعاد تشكيله بالتغلب على المشكلات القائمة للأمم المتحدة، ولا يمكن تحقيق عملية إصلاح الأمم المتحدة دون هذه المبادئ، كما يجب أن تكون هذه المبادئ شاملة وعميقة بما يتماشى مع متطلبات الوقت الحالي.

يجب أن يكون المبدأ الأول هو العدل، فلا بد لعملية الإصلاح أن تجعل مبدأ العدالة في مركزها؛ فالعدالة هي القيمة المشتركة للمجتمعات كافة، وقد سَعت جميع الأنظمة الاجتماعية والسياسية إلى بناء نظام يتمركز على العدالة دون التمييز على أساس الثقافة والحضارة والدين، فقد شكلت الحضارات القديمة بأسرها أنظمة مختلفة في أثناء بناء أنظمتها الاجتماعية والسياسية، وحاولت من خلالها وضع العدالة في مركزها. ومن ثم يجب أن ترتكز عملية إصلاح الأمم المتحدة على مبادئ تدور على مبدأ العدالة. كما أن تصميم عملية الإصلاح الجديدة بطريقة تقضي على المظالم القائمة سيجعل وصول عملية الإصلاح إلى هدفها ممكنًا، واستمرارية وجود هيكل متناقض مثل مجلس الأمن يجعل تحقيق العدالة مستحيلًا. وبهذا المعنى، يجب أن يكون النهج الذي يجمع بين الأمن والعدالة أحدَ المبادئ الأساسية لعملية الإصلاح.

أما العنصر التكميلي لمبدأ العدالة فلا بد أن يكون في المساواة. المساواة هي المبدأ الثاني لفلسفة الإصلاح. فمن أجل حل المشكلات بين الدول والمشكلات العالمية بشكل عادل، يجب على الأمم المتحدة معاملة كل عضو بالتساوي، إذ لا يمكن تحقيق العدالة العالمية دون مساواة، ولا يمكن

للأمة التي تفتقر إلى وسائل الدفاع عن نفسها تجاه المجتمع الدولي الدِّفاع عن نفسها تجاه الأقوياء إلا بمبدأ المساواة. وميثاق الأمم المتحدة ينص على أن المبدأ الأساسي مبني على المساواة في السيادة بين الدول.

إلا أن حق النقض الذي منحه الميثاق لأعضاء المجلس الأقوياء امتيازًا تسبب في تعليق مفهوم المساواة المذكور في التطبيق العملي، والأسوأ من ذلك أن مجلس الأمن لا يتصرف نيابة عن الدول الأعضاء في الأمم المتحدة، بل يتعالى عليها، وهذا يعني تمكُّن الأعضاء دائمي العضوية في مجلس الأمن مِن الضغط على الدول أخرى.

المبدأ الآخر لعملية الإصلاح الذي يجب تنفيذه هو العدل في التمثيل، فيجب حل مشكلة تمثيل الأمم المتحدة لسببين اثنين؛ الأول هو الحقائق الجيوسياسية الجديدة؛ إذ لا يمكن لهيكل يتضمن مفهوم النظام الدولي الذي أنشئ نتيجة الحرب العالمية الثانية أن يؤمِّن العدالة في التمثيل. لقد مرت 76 سنة على الحرب، وخضع النظام الدولي لثلاثة تحولات كبيرة، لهذا السبب فإن تمثيل المجتمع الدولي ككل من قبل الأعضاء الخمسة دائمي العضوية يخلق نظامًا في غاية الاعوِجاج. ومن الواضح أن مفهومًا يمثل الهيكل متعدد الأقطاب للنظام الدولي، ويأخذ في الحسبان توزيع القوى الجديد، سيجعل الأمم المتحدة أكثر عدلًا من حيث التمثيل.

أما الثاني فهو ضرورة تمثيل الأمم المتحدة للهيكل الديموغرافي الحالي للنظام الدولي بشكل عادل، فمن غير المقبول ألا يجد العالم الإسلامي، الذي يبلغ عدد سكانه 1.5 مليار نسمة، مساحة كافية لنفسه في عمليات صنع القرار الرئيسية للأمم المتحدة، والأمر نفسه ينطبق على الآخرين.

أما المبدأ الآخر المهم لعملية الإصلاح الجديدة فهو ضرورة بنائه على الشفافية. وتتعلق الشفافية بمن يتخذ القرارات وأين وكيف. ففي حين أنَّ

القرارات التي يتخذها مجلس الأمن تكون معروفة للدول المشاركة في عملية صنع القرار، فإن الأعضاء الآخرين يفتقرون إلى نفس القدر من المعرفة بهذه العملية. إن معرفة المراحل التي تُتَّخَذ من خلالها القرارات بشأن مصير البلدان أمر مهم للغاية فيما يخص مصداقية الأمم المتحدة. وكما أظهرت الأبحاث التي أجريت في السنوات الأخيرة، فإن إيمان المجتمع الدولي بقيام الأمم المتحدة بعملها على أكمل وجه ضعيف للغاية، ويجب التأكيد على أن مصدر الضعف المذكور آنفًا ناجِم عن مبدأ الشفافية.

إن هذا الوضع يُظهر تراجعًا كبيرًا في السنوات الأخيرة، فلا يمكن التطلع إلى الشفافية من هيكل لا تُتَّخذ فيه القرارات بشفافية ووضوح، وإنما لمصلحة البعض وضد آخرين مِن خلال الدبلوماسية السرية. هل يمكن تحقيق العدالة باتخاذ القرارات عن طريق تهديد الدول الصغيرة أو اكتساب دعمها ببعض الحوافز؟ وهل من المقبول تغيير وضع شبه جزيرة القرم عبر سياسة فرض الأمر الواقع؟

دعونا نلقِ نظرة على القرار الذي اتخذته الإدارة الأمريكية بخصوص فلسطين؛ فعلى الرغم من معارضة الأغلبية الساحقة لإعلان القدس عاصمة لإسرائيل من قبل الجمعية العامة، لم تتراجع الولايات المتحدة ولا الإدارة الإسرائيلية عن قرارها. والمشكلة ذاتها تنطبق على شبه جزيرة القرم. إن الدبلوماسية السرية قد تكون أحيانًا نافعة في منع اندلاع الصراعات، إلا أن القرارات المتخذة من خلال عمليات غير شفافة من شأنها أن تجعل المشكلات أكثر تعقيدًا، وأن تشكِّل خطرًا كبيرًا على مصداقية الأمم المتحدة. ولا بد هنا مِن تبني مبدأ يتمركز فيه مفهوم الشفافية بهدف تصميم إصلاح فعَّال. إن أممًا متحدة أكثر شفافية ستُنشِئ عملية صنع قرار أكثر عدلًا، وستضمن معرفة جميع الدول الأعضاء جوهر القرارات وأين وكيف اتُّخذت.

„ العدالة هي القيمة المشتركة للمجتمعات كافة. وقد سَعت جميع الأنظمة الاجتماعية والسياسية إلى بناء نظام يتمركز على العدالة دون التمييز على أساس الثقافة والحضارة والدين.

يجب أن تبنى عملية الإصلاح الفعالة على مبدأ المساءلة إلى جانب الشفافية. إن منظمة دولية تمتلك آليات للتعامل مع كل قضية عالمية مثل الأمم المتحدة، يجب عليها أن تكون قابلة للمساءلة بمؤسساتها كافة. وهناك ثلاث ركائز مهمة للمساءلة؛ الأولى: يجب على الأمم المتحدة التي تتمتع بإدارة الأزمات ومنع الصراعات والحفاظ على ديمومة السلام، أن تبني نظامًا قابلًا للمساءلة للبنى التي أنشِئت تحت مظلة المنظمة بشأن العمليات المذكورة، حيث ينبغي أن تخضع الأمم المتحدة للمساءلة في حال لم تتخذ الإجراءات اللازمة في الوقت المناسب.

أما الركيزة الثانية للمساءلة فهي أن المساءلة يجب أن تكون من الدول الأعضاء، فمنحُ الدولِ الأعضاء السلطةَ في موضوع المساءلة ضروري مِن أجل إنشاء نظام فعَّال، فمن الصعب للغاية إنشاء آلية مساءلة فعالة لمنظمة أمم متحدة تعجز الدول الأعضاء عن مراقبتها. بالإضافة إلى ذلك يجب أن تخضع الدول الأعضاء للمساءلة أيضًا، فلا يمكن للتحكم وحده أن يحل أي مشكلة، لذا يجب أن تخضع الدول الأعضاء للمساءلة عن أفعالها.

أما الركيزة الثالثة للمساءلة فهي إنشاء آلية مستقلة لرصد المساءلة في الحالات التي تكون فيها آليات الرقابة الداخلية ورقابة الدول غير كافية.

ينبغي أن يكون التعاون مع المنظمات الأخرى أحد المبادئ الأساسية لتحقيق إصلاح فعال، وجعل الأمم المتحدة أكثر فعالية. لقد تزايد عدد المنظمات الإقليمية في السنوات الأخيرة نتيجة عدم فعالية الأمم المتحدة. كما أنَّ هذه المنظمات إلى جانب تمتُّعها بالأمانة العامة والمركز والهيكلية بين الدول فإنها تُنشأ لغرض معين دون أن تتصف بالرسمية. إن التعاون مهم للغاية لعملية الإصلاح ذاتها ولزيادة فعالية الأمم المتحدة أيضًا.

وأخيرًا. لا بد من إعادة تأسيس التعاليم الوقائية كأحد المبادئ التي تشكِّل روح إصلاح الأمم المتحدة. فإذا كانت الأمم المتحدة قد أنشئت لضمان الاستقرار من خلال إرساء السلام العالمي، فعليها إذن خلق مذهب يحد من الصراع وإنشاء آليات عملية لتنفيذها.

المشكلات التي تعانيها مقترحات الإصلاح الحالية

إذا ما ألقينا نظرة على النقاشات والمقترحات الدائرة حول الإصلاح التي طُرِحت حتى الآن سنجد أنَّ الوضع ليس مشجعًا أبدًا للأسف؛ فالمقترحات المطروحة إما أنها لم تتمكَّن مِن تحديد هدف ملموس وإما أنها باءت بالفشل. فعلى الرغم من استمرار النقاشات لسنوات، وتقديم مقترحات شتى في أشكال رسمية أو شبه رسمية، فإن جهود الإصلاح لم تتحرك خطوة. وعلاوة على ذلك، فإن النقاشات أصبحت معقدة إلى حدٍّ أنه يكاد يكون من المستحيل الخروج منها، ولم يضف أيُّ نموذج إلا زيادة في التعقيد. كما أن معظم النماذج باتت ضائعة لأنها كانت تأتي تلبية لتوقعات بعض البلدان والمناطق. فالبلدان التي شكلت مجموعات لأغراض معينة قدَّمت موقعَها الجغرافي على روح الإصلاح. أما الدول الأخرى التي أدركت هذا الأمر فردَّت على الأمر بمواقف جديدة، وهكذا وقع إصلاح الأمم المتحدة ضحية الاستقطاب، وغَرِق في التفاصيل.

يجب علينا تأسيس عملية إصلاح ذات أهداف واضحة وجليَّة؛ من خلال إرساء مبادئ مشتركة بعيدة عن الاستقطاب، وإذا ما استطعنا استخلاص الدروس من المشكلات التي عانت منها المقترحات السابقة، فسننجح في طرح نموذج يحتوي على أكبر قدر من القواسم المشتركة.

عند التمعن في المقترحات المعروضة حتى الآن تتجلى لنا ثلاثة أنواع من المقترحات، ويتجلى لنا كيف أنه تم تناول البحث عن الإصلاح من خلال خمسة عناوين رئيسية؛ حيث تدور جميع أنواع المقترحات الثلاثة المختلفة هذه حول هذه العناوين الخمسة وهي: عدد أعضاء مجلس الأمن وأداؤه، والعلاقة بين الجمعية العامة ومجلس الأمن، وحق النقض للأعضاء دائمي العضوية في مجلس الأمن، وفئات العضوية، والتمثيل الإقليمي. لقد شكَّلت

هذه الموضوعات الخمسة الرئيسية المختلفة، إلى جانب القضايا الثانوية الأخرى الأقل أهمية، محورَ ثلاثة أنواع مختلفة من المقترحات، أما أنواع المقترحات هذه فتشتمل على توسيع مجلس الأمن وإصلاح أدائه والعلاقة بين مجلس الأمن والجمعية العامة.

أولًا، على سبيل المثال، يبدو أنَّ خطة أنان لعام 2005 التي تعكِس أحد أكثر المساعي جدية، كانت عالقة بشكل عام عند عدد من أعضاء مجلس الأمن التابع للأمم المتحدة. فقد عرض المقترحات المشار إليها بالنموذجين (أ) و(ب) بالترتيب؛ 6 أعضاء جدد دائمي العضوية و3 أعضاء مؤقتين غير دائمي العضوية، أو 8 أعضاء مناوبين وعضوية واحدة غير دائمة. هذه المقترحات التي تبدو أكثر نماذج المقترحات شمولية لم تحظَ بالنجاح؛ وذلك لكونها بعيدة كل البعد عن الشمولية، وتعكس بعض المطالب الملموسة، وتسبب الانقسامات، ولم تعكِس إلا تطلعات المرشحين الجدد الذين أرادوا الانضمام إلى مجلس الأمن، وبقيت صامتة حيال تطلعات البلدان الأخرى، حتى إنها كانت بعيدة عن تلبية تطلعات الدول القريبة من العضوية، حيث إنَّ هذه المقترحات فتحت باب منافسة جديدًا بين هذه الدول.

أما النوع الثاني من المقترحات فقد سلط الضوء على القضايا الوظيفية فقط، وكانت الأولوية في هذا السياق لقضايا ثلاث وهي: حق النقض والشفافية وأساليب العمل. في الواقع، أنه يمكن النظر إلى هذه المقترحات على أنها المقترحات التي قدَّمتها الدول التي تتطلع إلى عضوية مجلس الأمن ولكنها تأمل في إحراز تقدم ضعيف في هذا المجال، وذلك من أجل تمهيد الطريق أمامها والحصول على تنازلات. فعلى سبيل المثال قدمت دول مثل ألمانيا، التي طالما تطلَّعت إلى عضوية دائمة ولكنها تواجه كثيرًا من العقبات في سبيل تحقيق هذا الهدف، مقترحًا من هذا النوع للحد من سلطات الأعضاء

دائمي العضوية، ولعلها رأت في هذا الأمر فرصة مساومة. وثمة اعتقاد بأنه يُمكِن تقييد الأعضاء دائمي العضوية كلَّما ضُيِّق حق النقض، أو بأن تناول قضايا المساءلة والانسجام والشفافية هي نتاج المنطق نفسه. أما الأعضاء الذين يرون أن إمكانيةَ الحصول على العضوية الدائمة ضعيفة فيقدمون مثل هذه المقترحات لتقييد الأعضاء دائمي العضوية، أو بالأحرى لقد تحولت هذه المقترحات إلى خطابات تستخدم لتهديد الأعضاء دائمي العضوية.

حيث قامت دول مثل ألمانيا بالتلميح إلى أنها ستنضم هي أيضًا إلى مجموعات الدول الأخرى وتسهم في عملية تقييد الأعضاء دائمي العضوية في مجلس الأمن ما لم تُحقَّق تطلعاتها، وهي بذلك تعتقد أنها مِن خلال هذا التلميح ستمتلك فرصة مساومة الدول دائمة العضوية في مجلس الأمن. وهذا الاقتراح في الواقع لا يقوم على منطق تقييد وتوازن صادِق، وإنما يتحوَّل إلى نِتاج صفقة أُعِدَّت بِعناية، كما أن المطالبة بإصلاح أساليب العمل هي أيضًا نوع من جهود التقييد.

ويمكن هنا ذكر بعض النقاط في انتقاد المقترح المذكور؛ الأولى أن هذا المقترح هو أبعد ما يكون عن المطالبة بالإصلاح الشامل، بل على العكس تمامًا يبدو أنه مجرد أداة مساومة، حيث يهدف إلى تلبية مطالب دول معينة بغض النظر عن كونه مقترحًا لإصلاح شامل للنظام بشكل عام.

الثانية أن هذا النوع من المقترحات في حد ذاته يجعل المصالح الوطنية في المقدمة، ولا يرتكز إلا على وضع مساعيهم مِن أجل المكانة في مركز الإصلاح، وبذلك فإن الدول التي تطالب بمثل هذا التغيير ترى في هذا الطلب آلةَ مساومة لتلبية تطلعاتهم الخاصة.

والثالثة أنه على الرغم من أن هذا النوع من المقترحات يبدو للوهلة الأولى أنه يجعل العملية شفافةً، فإنه في الواقع مرشح لخلق مشكلات كبيرة

من حيث الفعالية، فلا يمكن حل مسألة الشفافية من خلال زيادة عدد الأعضاء دائمي العضوية فقط، ففي حال النظر إلى جميع المشكلات المتعلقة بوظيفية الأمم المتحدة كما لو أنها قضية قانونية فسوف يجري تجاهل العملية السياسية والدبلوماسية. في حين أن العديد من المشكلات المتعلقة بالوظيفية تنجم عن العملية، وعن تجاهل المبادئ بغض النظر عن المسائل التنظيمية والإجرائية.

أما الرابعة فكلما طُرحت مثل هذه المقترحات، تتحول جهود الإصلاح إلى ميدان نزاع بين فئات مختلفة من الدول.

أما الأخيرة فهي أنَّ كل هذه المقترحات المتفرقة في الأساس لها تأثير يعيق اقتراح الحل الجذري، ولذا لا بد أن يكون مقترح الإصلاح شاملًا، ولا بد من تأمين إشراك جميع الجهات الفاعلة في عملية الإصلاح.

أما النوع الثالث من المقترحات فمِن الممكن أن نقول إنه أقل طموحًا ولكنه أكثر مبدئية، حيث تطرح هذه المقترحات العلاقة بين مجلس الأمن والجمعية العامة، وبناء على هذا يجب توسيع السلطات المحدودة للجمعية العامة من حيث وظيفية الأمم المتحدة، أما في الموضوعات التي يكون فيها مجلس الأمن هو صاحِب السلطة الوحيدة فيجد بقية العالم صوتَه غير فعال في عملية صنع القرار، لذلك فمن الطبيعي توقُّع زيادة فاعلية الجمعية العامة والمطالبة بذلك، إلا أنَّ معظم النقاشات حول كيفية إقامة هذه العلاقة ومدى النفوذ الذي ستحصل عليه الجمعية العامة تستمر على أساس محدود. ومن المتوقع أن تُمنح الجمعية العامة صلاحيات في مجال التشاور والتنسيق فقط، وعلى هذا يسعى هذا النوع من المقترحات إلى إيجاد حلول مؤقتة بدلًا من تقديم طلب لتغيير جذري، حيث يجب ألا يكون الهدف الرئيسي إضعاف الأمم المتحدة التي تعمل ببطء بالفعل وإنما جعلها أكثر فاعلية، غير أنَّ هذا المقترح أيضًا يظهر بشكل عام جهود الدول التي تِجد في انضمامها إلى

مجلس الأمن احتمالًا ضئيلًا؛ ولكن بغرض الحصول على تنازلات، وبمعنى آخر يعدُّ هذا الاقتراح أيضًا ضحية المصالح الوطنية.

كما هو واضح تفتقر جميع أنواع المقترحات هذه تقريبًا إلى موقف مبدئي، وبذلك تتحول جميعها إلى مقترحات لا يمكن تجاهل سعيها وراء مصالح وطنية ملموسة، وإبراز مزاياها الخاصة أو محاولة الحد من مزايا الآخرين. إذا كان هناك تسلسل هرمي للتطلعات في الأمم المتحدة، فيمكن حينئذ الحديث عن ثلاث فئات رئيسية؛ الفئة الأولى هي فئة الأعضاء دائمي العضوية. الفئة الثانية هي فئة الدول الساعية وراء العضوية الدائمة، ومن أبرزها الهند واليابان وألمانيا والبرازيل. أما الفئة الثالثة فهي بقية دول العالم، وتضم العديد من الدول؛ من الاتحاد الإفريقي إلى أمريكا الجنوبية، ومِن الدول الأوروبية المختلفة مثل إيطاليا وصولًا إلى الدول الآسيوية مثل كوريا الجنوبية. وهكذا فإنَّ جهود إصلاح الأمم المتحدة غارقة في تضارب المصالح بين هذه الفئات الثلاث المختلفة، فبينما تريد الفئة الأولى الحفاظ على وضعها القائم، فإن الدول في الفئة الثانية تسعى للانضمام إلى المجموعة الأولى أو تقييد فاعليتها على الأقل، أما الدول في المجموعة الثالثة فإنها تسعى لتوسعة نفوذ الجمعية العامة لِأنها لا تحلم بالترشح لمجلس الأمن، لكن هذه الدول في الوقت نفسه تعارض خلق امتيازات جديدة في مجلس الأمن، وعندما يكون الوضع هكذا فإن كل مجموعة تنخرط في صراع بعضها ضد بعض، وينتقل هذا الصراع إلى داخل المجموعة نفسها في بعض الأحيان، فتُرسَمُ الخطوط وتحصن الجبهات، ويغدو السلام والعدالة والنظام ضحية المصالح الوطنية، فيغيب التعاون وتترك المساعي لتصل إلى طريق مسدود.

في حين أنه إذا كان مقترح الإصلاح يهدف حقًّا إلى إرساء العدل والسلام والنظام والفاعلية فيجب حينها أن يكون مجردًا ومبدئيًّا وصادقًا وقويًّا،

"إذا كنا حقًّا نسعى إلى إصلاح حقيقي للأمم المتحدة فعلينا تطوير نماذج تعمل وفقًا للمبادئ الأساسية وتقدم خارطة طريق شاملة، بدلًا من النقاش حول توقعات الدول ومجموعات الدول وحصرها في عناوين معينة.

والأهم من ذلك أنه يجب تحديد تقويم زمني للإصلاح، كما ينبغي تحقيق نتائج ملموسة وعادلة وعملية بالسير تبعًا لمبادئ مجردة. فالمسألة التي لا يجري تناولها مِن خلال المبادئ المجردة ستكون عرضة للظلم والسعي وراء المصلحة الذاتية، ومن ثم ستتعرض لتضارب المصالح، ولن يُقبل أيٌّ من المقترحات المطروحة، حتى ولو بدَت وكأنها فُرِضت فرضًا، إلا أنَّ الشعور بالظلم ومن ثم غياب العدالة سيبقى مستمرًا.

لهذا السبب، يجب تناول القضية بإخلاص دون التركيز على المصالح الوطنية، والاعتماد على المبادئ الأساسية من أجل إنشاء هيكل فعَّال وعكس ميزان القوى والعدالة. فعلى سبيل المثال يجب على مجلس الأمن التابع للأمم المتحدة استبعاد اقتراح أنواع معينة من الممثلين، فلا يمكن قياس هذه المسألة على قيم الناتج الإجمالي ولا السكان ولا التمثيل القاري.

عند النظر إلى عملية الإصلاح بهذا المنطق لن يكون الوصول إلى نتيجة ممكنًا، ويستحيل إرضاء أحد أو إنشاء أمم متحدة فعالة، وكما أنَّ ألمانيا ستطلب إيلاء حجمها الاقتصادي الأهمية، فإن الهند تريد التمثيل بناء على عدد سكانها، وكما أنَّ الدول الإفريقية ستسلط الضوء على التمثيل القاري، ستؤكد الدول الإسلامية أهمية التمثيل الديني، ومن ثم فإن عمليات الإصلاح الراهنة عالِقة في الأولويات المذكورة، ولكن الأمر ليس بهذه البساطة؛ فسوف تنجم خلافات بين البلدان المختلفة التي ستختار بناء على هذه المعايير. دعونا مثلًا نتناول الدول الإفريقية التي تعتبر العضوية الإفريقية شرطًا؛ أتنضم مصر مِن إفريقيا إلى الأمم المتحدة أم إثيوبيا أم كينيا؟ وما المعايير التي ستتيح الاختيار بين هذه البلدان؟ ومن سيختار هذه البلدان؟ وعند التفكير في المنافسات الحادة بين العديد من البلدان التي ذكرناها أو لم نذكرها، فسوف يظهر جليًا مدى صعوبة تناول هذه القضية بهذا الشكل،

والمعضلة التي يمكن أن تنجم عنها. كما أنَّ تناول المسألة بهذا الشكل يعني الدفع بالعملية إلى الصراعات منذ البداية.

للأسف، جميع المقترحات المطروحة مِن أجل إصلاح الأمم المتحدة مبنية على الدفاع عن المصالح الوطنية للدول، بدلًا من أن تعكس سعي الدول لتحقيق السلام والعدل؛ لهذا السبب ليس هناك تقدم ولو قيد أُنملة. حتى السعي إلى نموذج شامل صدر بعد دراسات طويلة على أرضية الأمم المتحدة، كان يهدف إلى تلبية التوقعات الملموسة للبلدان. مع أن علينا -إذا كنا حقًّا نسعى إلى إصلاح حقيقي للأمم المتحدة- تطوير نماذج تعمل وفقًا للمبادئ الأساسية وتقدم خارطة طريق شاملة، بدلًا من النقاش حول توقعات الدول ومجموعات الدول وحصرها في عناوين معينة. وبخلاف ذلك لن تخدم المقترحات مساعي تحقيق العدالة ولا السلام ولا النظام، ولن تتخلى مجموعات البلدان عن مواقفها.

عندما يقتصر الأمر على عضوية دول معينة فقط في مجلس الأمن الدولي، تعترض الدول في مجموعات أخرى. وبالنظر إلى وجود العديد من الأنواع المختلفة من مجموعات الدول، نجد أنه مِن الواضح جليًّا أنه لا يمكن التقدم من خلال تقنية كهذه.

يجب على أي مقترح للإصلاح أن يحقق أربعة شروط على الأقل وهي:
أولًا: يجب أن تكون هناك مساع لحل شامل وجذري. وما دامت العمليات الطويلة التي تتقدم تدريجيًّا ويُحتَمل انقطاعها باستمرار ستجعل القضية رَهينة مناقشات غير مثمرة وستمنع التركيز على بنود جدول الأعمال الرئيسية، فيجب العزم والإصرار على تجنب مثل هذه العمليات.

ثانيًا: يجب ألا تركِّز مقترحات الإصلاح على المصالح الضيقة للدول وإنما على المبادئ. فمن الضروري تجنب الحسابات الضيقة كحساب أي

دولة ستكون عضوًا في مجلس الأمن، أو عدد الأعضاء الذين سيدخلون من أي منطقة؛ ذلك أنه بالنظر إلى ثقل المشكلات العالمية الحالية فإن تأسيس فلسفة إصلاحية في إطار الدول أمر صعب ومحفوف بالمخاطر.

ثالثًا: يجب تحديد الأهداف الاستراتيجية لمساعي الإصلاح بوضوح، كما يجب وضع الأهداف والغايات الملموسة حتى ولو كانت قد انطلقت مِن المبادئ المجردة. ويجب أن تتماشى مع واقع السياسة الدولية وأن تكون ملائمة للتطبيق، ولا بد أن تركِّز على القضايا ذات الأولوية وألا تغرق في العناوين الهامشية.

أما الرابع، فيجب أن يسير الإصلاح وفقًا لجدول زمني. وينبغي تحديد متى وكيف سينفَّذ بكل وضوح.

غير أنَّ أنواع المقترحات الرسمية الراسية على أرضية الأمم المتحدة أو طلبات الإصلاح التي قدمتها البلدان بما يناسبها، لا تكاد جميعها تفي بهذه الشروط، وتبدو معظم المقترحات غير شاملة وبعيدة عن الحلول الجذرية؛ فعلى سبيل المثال الدول التي ترى أنها تمتلك فرصة الحصول على عضوية دائمة؛ مثل ألمانيا واليابان والهند والبرازيل، مشغولة في اختزال جهود الإصلاح في جدول أعمالها السياسية الخاصة، فهم يسعون إلى إقناع الممثل أو الممثلين من الأعضاء دائمي العضوية المقرَّبين منهم بدلًا من التواصل المتبادل مع البلدان الأخرى ومناقشة كيفية تحقيق إصلاح عادل ومستدام، وفي النهاية يتحوَّل ما يفهمونه من الإصلاح إلى فكرة الحصول على امتيازات لأنفسهم، مع أن العضوية الدائمة الجديدة ستجعل الأمم المتحدة، المعطلة بالأصل، أكثر عجزًا، وستضاعِف الشعور بالظلم. هذه الدول، للأسف، لا تسعى للإصلاح وإنما تسعى وراء مصالحها، لهذا السبب فإن كل خطوة تخطوها تثير الشكوك للدول الأخرى.

فعلى سبيل المثال، إذا حصلت اليابان على العضوية الدائمة فهل ترحب كوريا الجنوبية بهذا الأمر؟ ألن تنشأ مظالم جديدة عندما تحصل ألمانيا على هذا الامتياز؟ هل من الطبيعي أن تنضم دولة أوروبية جديدة إلى مجلس الأمن وهناك عضوان دائما العضوية من أوروبا وتمثيلهما أكبر بكثير من المناطق الأخرى في العالم؟ ألن تسبب هذه العضوية ردود فعل الدول الأوروبية الأخرى؟ بالطبع سينجم عنها ردود فعل وهي بالفعل تحدث. إن الدول الأوروبية الأخرى، لا سيما إيطاليا، محقة للغاية في استيائها من هذا الوضع. وإذا أصبحت الهند عضوًا في مجلس الأمن، وحصلت على حق النقض، فمن سيدافع عن حقوق باكستان؟ هل تقدر البرازيل وحدها أن تمثل حقوق كل أمريكا الجنوبية؟ بالطبع لا تستطيع، والأسوأ من ذلك أن هذا سيزعج البلدان الأخرى في أمريكا الجنوبية. من سيرحب بخلق امتيازات جديدة مفاجِئة؟ إن البلدان المذكورة أيضًا تدرك هذا الانزعاج، ولم تحاول قط إقناع البلدان الأخرى في مناطقها؛ على العكس فالجميع مشغول بعمل واحد؛ يعملون على إقناع عضو أو عضوين دائمي العضوية يعتقدون أنه مقرب منهم، فاليابان على سبيل المثال تسعى للحصول على دعم الولايات المتحدة لكن الصين تعارضها، وقد ترحِّب الولايات المتحدة بعضوية ألمانيا لكن من الواضح أن روسيا ليست كذلك على الإطلاق.

لا يمكن أن ينتج قرار أو توافق في ظل هذه الفوضى، وعلى الرغم من أن الدول المذكورة لم تتمكن من تحقيق نتيجة في هذا الصدد منذ سنوات، إذ كان عليها أن تترك مصالحها الضيقة جانبًا وتتجه إلى الحلول التي من شأنها أن تعود بالنفع على الجميع، لكنْ لم يحدث ذلك؛ فقد تركوا أنفسهم تحت رحمة الأعضاء الخمسة دائمي العضوية بدلًا من التعاون مع البلدان الأخرى. وعلى الرغم من مضي وقت طويل على هذا فإنهم لم يحرزوا أي

تقدم، وعلى الرغم من أنهم فهموا ذلك فقد أصبحوا يفضلون موقفًا أكثر تنازلًا بدلًا من إيجاد حلول أكثر إبداعًا.

وعلى سبيل المثال، تسعى هذه البلدان الآن للحصول على عضوية دائمة في مجلس الأمن دون الحصول على حق النقض. يمكن اعتبار حقيقة استغنائهم عن حق النقض خطوة جيدة لعمل الأمم المتحدة. وربما يتوقعون القبول على هذا النحو، لكن ما الحل الذي سينتج عن هذا؟ ما الفائدة التي سيحققها للبشرية؟ وأيِ خلل في الأمم المتحدة سيُصَحَّح بهذه الطريقة؟ أيُّ دواء لأي مشكلة، وأيُّ حل لأي معضلة؟ لن تنفع لشيء. ففي الحقيقة، حتى لو قدموا هذا التنازل، هل يعتقدون أنهم سيلقَون قبولًا بهذا؟ إن هذه ليست مساعيَ يمكن تحقيقها. هذه مساعٍ واضحة لتحقيق المصالح أكثر من كونها مساعي للإصلاح. إنها خطوة تعيق مطالب الإصلاح الحقيقية.

لقد شرعت الدول نفسها مؤخرًا في مسار جديد؛ فتخلت عن السعي للإصلاح الجذري، وتحركت خطوة بخطوة وانتقلت إلى طريقة تحصل من خلالها على تنازلات صغيرة، ثم ظهر خطاب جديد ففضلت التركيز على القضايا الثانوية، مثل الحاجة إلى إدخال أساليب أكثر شفافية في أساليب عمل مجلس الأمن. نعم، هذا خطاب محق للغاية؛ إن مجلس الأمن ليس مؤسسة عادلة وشفافة، وهي مؤسسة غير قادرة على الخضوع للمساءلة، ولديها طريقة أدائية بدائية ومنحازة لا تتوافق مع المفاهيم الحديثة، مثل الاتجاه المشترك وعمليات صنع القرارات الديمقراطية، وبالتأكيد يجب أن يكون أكثر شفافية، ويجب أن يكون أكثر عدلًا بكل تأكيد، وبالتأكيد يجب محاسبة الأعضاء دائمي العضوية على حق النقض الذي استخدموه دون مبالاة، لكن هل يمكن الوصول إلى نتيجة من هذا النقاش؟ بل هل هذه هي المشكلة الوحيدة والأهم للأمم المتحدة؟

إنَّ هذه الدول لا تستخدم حق النقض فحسب، بل تستخدم تهديدات حق النقض أيضًا؛ فقبل أن يصل أي قرار إلى مجلس الأمن يُرْفَع من جدول الأعمال من خلال تهديد تها الخفية خلف الأبواب المغلقة باستخدام حق النقض، ولهذا السبب نقول إن الشفافية مهمة للغاية في أثناء اتخاذ القرار، لكنَّ تهديدات حق النقض طوال تاريخ الأمم المتحدة استُخدمت أضعاف استخدام حق النقض، والقرارات التي مِن المتوقَّع استخدام حق النقض فيها لم تُعرَض أمام مجلس الأمن حتى. فهذه المحادثات التي تعقدها الدول الخمس خلف الأبواب كيف يمكنها أن تكون شفافة؟ حتى لو قُبلت الشفافية، فهل يصبح أداء مجلس الأمن شفافًا فعليًا؟ بالتأكيد لا. إن مِن الممكن تحقيق الشفافية الإجرائية في الأداء اليومي. ولكن عندما تأتي لحظات القرار الحاسمة، سيستخدم سلاح حق النقض هذا بسهولة على شكل تهديدات. لِنضع كل هذه العمليات السياسية لمعقدة جانبًا. أحقًّا ستُحل مشكلات الأمم المتحدة عند البدء بعملية شفافة؟ لا. وحتى عندما تكون هناك شفافية فإن الدول التي لا ترى نفسها في وضع المساءلة ستستمر في استخدام هذه الصلاحية. الشفافية ليست القضية الوحيدة، حتى إن حُلَّت فهي ليست بتاتًا موضوعًا من شأنه أن يسهم في حل قضايا أخرى ذات أولوية أكبر. الأمم المتحدة لديها مشكلات أعمق بكثير؛ إن المماطلة في مثل هذه العناوين الفرعية قبل حل القضايا الرئيسية يمثل ضربة لمساعي الإصلاح نفسها.

مثل هذه المساعي لن تكون موقفًا يخدم الدول صاحبة المقترح أو الأمم المتحدة أو حتى الإنسانية. هذه الدول التي تختزل القضية في عضويتها تحت أي ظرف كان، عليها أن ترى أنها لن تستطيع الحصول على أي تنازلات إذا استمرت في محاولاتها بهذا الشكل، أو عليها أن تفهم أن هذه المقترحات لن تكون حلًّا، بينما ليس هناك أي ضمان لعدم انتهاك الدول التي تتمتع

بحق النقض لأساليب العمل الشفافة التي يقترحونها؛ لأن الأعضاء دائمي العضوية الذين لديهم حق النقض سيستخدمون امتيازاتهم على أكمل وجه، ولن يترددوا في إظهار صورة يُبدُون فيها تقديمهم للتنازلات. فعلى سبيل المثال، إن المقترح الذي تقدمت به فرنسا، والذي تبنى أسلوب عمل في القضايا المتعلقة بـ«الجرائم الإنسانية» وإلغاء حق النقض في هذه القضايا، ليس مقترحًا واقعيًّا أو صادقًا؛ إذ إنَّ فرنسا تتظاهر بتقديم تنازل لن يحدث أبدًا، وما تقوم به هو إنقاذ صورتها لا غير. يبدو أن من الممكن تعريف «الجريمة الإنسانية»، لكن سيناقش الأمر فيما يمكن أن يعد جريمة إنسانية وما لا يمكن أن يُعد جريمة إنسانية ضمن بنود جدول الأعمال الحرجة، ولن يكون من الممكن اتخاذ قرار بشأن هذه القضية. لهذا فإن حصر المناقشة في مثل هذه القضايا يعيق جهود الإصلاح.

وبشكل مماثل، فإن تناول القضية من خلال المناطق الجغرافية هو نهج ضيق وإشكالي، فمن الواضح جدًّا أن مناطق مثل إفريقيا وأمريكا الجنوبية لا تُمثَّل أيضًا بشكل كافٍ؛ لهذا يبدو أن الدول في هذه المناطق محقة في الاعتقاد بضرورة أن تكون ممثلة في مجلس الأمن. فعلى سبيل المثال، بينما تدافع الدول الإفريقية عن ضرورة تمثيل دولتين إفريقيتين على الأقل بحق النقض في مجلس الأمن، تطلب أمريكا الجنوبية ومنطقة البحر الكاريبي ممثلًا واحدًا لها على الأقل، ولكن ما مدى فائدة منح حق نقض جديد لدول أخرى في الوقت الذي أصبح فيه مجلس الأمن غير صالح للعمل بسبب حق النقض؟ وإذا انضم عضوان دائمان أو غير دائمين من إفريقيا إلى مجلس الأمن فهل تحل مشكلة التمثيل الإفريقي؟ وهل تسمع أصواتهم في مجلس الأمن؟ بالتأكيد لا. من يمكنه القول إنَّ المصلحة الوطنية لجميع البلدان الإفريقية واحدة؟ من يستطيع القول إن دولة إفريقية لن تنازع دولة إفريقية

أخرى؟ من يستطيع القول إن دولتين إفريقيتين يمكنهما تمثيل جميع البلدان الإفريقية الأخرى؟

لو نظرنا إلى أن معظم المشكلات السياسية أو الحروب هي بين الدول التي تشترك في الحدود، فمن الواضح أن خلق امتيازات جديدة على أساس المجموعات الإقليمية سينجم عنه مظالم جديدة وعدم استقرار جديد. فعلى سبيل المثال، عندما تصبح مصر عضوًا في مجلس الأمن من إفريقيا، هل هذا يعني أنه سيتم الدفاع عن حقوق السودان؟ هل تستطيع نيجيريا وحدها تمثيل غرب إفريقيا؟ ماذا ستكون ردة فعل دول مثل الكاميرون والسنغال على هذا؟ إلى أي مدى يمكن لجنوب إفريقيا أن تمثل شمال إفريقيا؟ ما مدى منطقية التفكير في إفريقيا ككل والاعتقاد بأن بلدًا إفريقيًّا واحدًا يمكنه التحدث عن جميع المصالح إفريقيًّا؟

هل يمكن إنتاج حلول وإصلاح الأمم المتحدة عندما يتركز النقاش على هذا؟ إذا كان بالفعل هناك مساعٍ للعدالة والاستقرار، فإن الحديث عن أسماء دول محددة لن يقنع أي دولة. وإضافة لعدم إقناعه، سيخلق خلافات وانقسامات جديدة.

إن بعض الدول ومجموعات الدول التي ترى جميع هذه الصعوبات تتحدث عن قناعة بأن التغير والتحول الجذريين غير ممكنين، وتدعو إلى تحديد طريقة قائمة على أساس تدريجي وتنازلات، لكن كل هذه القناعات لا تتخلص من كونها قائمة على رؤية ضيقة ومنطق يركِّز على مصالح دول محددة. وما دامت القضية قد اختزلت في الحصول على تنازلات، فلن يتحقق تحول جذري شامل ومهم، ولن تتحقق النتيجة المرجوة من الإصلاح. إن مشكلات العالم عميقة وشاملة إلى حدٍّ أنه لا يمكن التغلُّب عليها بأساليب فردية وتدريجية، وإن المطالبة بالإصلاح المجزأ لا تؤدي إلا إلى نقاشات جديدة لا يمكن حلها.

إن معظم المقترحات معقدة للغاية وثانوية جدًّا يكاد مِن المستحيل إحراز تقدم فيها. إن الذين يفقدون الأمل في الإصلاح في موضوعات مهمة يعتقدون أن بإمكانهم المضي قدمًا من خلال التركيز على موضوعات أقل إثارة للجدل. فعلى سبيل المثال، هناك من يقترح البدء بمناقشة منصب وصلاحيات الأمين العام، وعلى سبيل المثال أيضًا يجري الحديث عن مقترحات متنوعة بسيطة فيما يتعلق بعملية الأداء. وبمنطق مماثل هناك من يوصون بالتركيز على أجهزة الأمم المتحدة غير الجمعية العامة ومجلس الأمن، ووفقًا لهذا المنطق التدريجي يمكن أن تنعكس التغييرات الصغيرة التي قد تبدأ في منطقة واحدة على مناطق أكبر وموضوعات أكثر أهمية، لكن هذا عمومًا يتحول إلى توقع فارغ؛ لأنه لا يجرؤ أي بلد على اتخاذ خطوة في الموضوعات الثانوية فهو لا يستطيع أن يرى مساره دون تناول الموضوعات الرئيسية. في الواقع، كلما فُتحت هذه العناوين الثانوية يتحوَّل محور التركيز، وتظهر مجالات نقاش جديدة، كما تظهر مجموعات أخرى جديدة. مع أن مثل هذه المراحل التدريجية المطوَّلة التي ليست لها أولويات واضحة تتطلب إقناع الغالبية العظمى من الدول البالغ عددها 193 دولة والدول الخمس التي تتمتع بحق النقض لكل موضوع. ومن ثم لا يمكن المضي قدمًا بمثل هذه الطريقة التدريجية.

يجب أن يكون المقترح المطروح شاملًا وجذريًّا وثوريًّا، وأن يتمتع بماهية الاجتماع حول موضوع واحد بدلًا من الغرق في القضايا الثانوية، ويجب أن يكون قادرًا على تحديد الموضوع الأهم، وتشكيل جدول أعمال جديد بناء على هذا الموضوع، وأن يكون كذلك قادرًا على تغيير محور الأمم المتحدة. إن المضي خطوة بخطوة والتطور ببطء أمر لا مقابل له. يجب ألَّا يُنظَر إلى إصلاح الأمم المتحدة على أنه مرحلة، ولا يمكن تمديد أي عنوان

يتطلب اتخاذ قرار من 193 دولة على مدى زمني طويل، ولا يمكن تقسيمه إلى عدد كبير من العناوين، فكلما مُدِّد على جدول زمني واسع، وطالت مدته، وظهرت عناوين جديدة، تنكشف توقعات أخرى لجميع الفاعلين السياسيين.

يجب أن يكون الإصلاح على شكل لحظة لا مرحلة، يجب أن يبنى على عنوان واحد ومؤسِّس، وينبغي اتخاذ خطوات لتنفيذه في أسرع وقت. الوقت والجهد المبذولان في مناقشة صلاحيات الأمين العام للأمم المتحدة ما هو إلا جعجعة بلا طحين. من الضروري تحديد مشكلة الأمم المتحدة ذات الأولوية القصوى على أساس المبادئ، ومواجهة هذه المشكلة مرة واحدة.

تعمل المفاهيم، مثل المحادثات المفتوحة، ومجموعاتُ الدول على إطالة المسألة في الزمان والمكان معًا. يعني أنها تطول كلما تمددت، وعندما تطول تفقد تركيزها وتصبح خاصة ومعقَّدة، وهكذا تتحول إلى وضع يصعب الخروج منه. أما المسألة الثانية فتتعلق مباشرة بهذا الموضوع أيضًا. وللأسف، لا تنظر معظم الدول إلى الإصلاح على أنه قضية عالمية، ولكن تنظر إليه مِن إطار امتيازاتها الخاصة، وهذا يعني ظلمًا جديدًا وخلق مشكلات أدائية جديدة. كما أنَّ الدول ومجموعات الدول التي تتعامل مع القضية من منظورها الخاص تواجه -وبشكل طبيعي جدًّا- ردود فعل من دول ومجموعات دول أخرى.

فعلى سبيل المثال، نظرًا لأن مجموعة الدول الأربع (ألمانيا واليابان والبرازيل والهند) تسعى إلى تحقيق هدف العضوية في مجلس الأمن، فإن الدول الأعضاء دائمة العضوية تسعى إلى إبعادها ككل، أو تسعى كل دولة دائمة العضوية إلى جذب دولة مقرَّبة إليها من مجموعة الدول الأربع، وهذا يؤدي -بشكل طبيعي- إلى انسداد سياسي. وجهود كهذه ليست ممكنة سياسيًّا ولا مناسبة أخلاقيًّا. وبالمثل كلما أصرَّت مجموعة الدول الأربع

على الحصول على عضوية دائمة تتخذ دول أخرى موقفًا ضدها، أو تقدم كل منطقة أولوية أجندتها على طاولة الإصلاح.

ولهذا السبب بالتحديد يجب تناول القضية على أساس موضوعات مجردة على مستوى مبدئي، وما دام التعامل معها قد بقي في إطار المساعي الملموسة للدول فلا يمكن إحراز تقدم، وحتى لو أحرزت تقدمًا فلن يكون حلًّا. فعلى سبيل المثال، ذُكرت أرقام مختلفة لتوسيع مجلس الأمن في إطار نماذج مختلفة، فأحيانًا تُقترح 24 وأحيانًا 35. في الواقع أنه من الواضح جدًّا ما الدول التي سيأتي منها هؤلاء الأعضاء الجدد، فعلى الرغم من عدم ذكر هذه الدول بالأسماء، يمكننا معرفة الدول المشار إليها عندما نرى الأرقام. هذه المقترحات التي تبدو كما لو أن خياطًا عرَّضها، تخلق بطبيعة الحال تضاربًا مع مصالح الدول، وتُرفض لهذا السبب. لذلك يجب بناء أي مقترح إصلاح من شأنه حل مشكلات الإنسانية جمعاء بطريقة مجردة ومبدئية وشاملة، لا وفقًا لأسماء الدول، وبهذه الطريقة فقط يمكن إحراز تقدم، وبهذه الطريقة فقط يمكن خلق شعور بالعدالة.

الخاصية الثالثة لمقترح إصلاح عادل وقابل للتنفيذ أن يكون موجهًا نحو تحقيق أهداف استراتيجية. وكان الأمين العام الأسبق للأمم المتحدة، كوفي أنان، الذي قادَ جهود الإصلاح قبل سنوات، قد أدلى بمقترح وصفه بالشامل، لكن المقترح كان واسع النطاق ومتعددة الأطراف إلى درجة أنَّ الاتفاق عليه والسير بِه يكاد يكون مستحيلًا. فلا يمكن للمقترحات التي تجمع كل أنواع النماذج والاقتراحات على شكل حقائب أن تكون صالِحة للتنفيذ. وكان ذلك المقترح -على سبيل المثال- قد تناول خمسة عناوين رئيسية، وطرح نموذجين مختلفين، وخاطب سبع مجموعات مختلفة من الدول، ولهذا السبب يمكن القول إنه كان بمنزلة خارطة واسعة، لكنه لم يكن هناك خارطة طريق ضمن

هذه الخارطة؛ إذ لم يُحدِّد كيفية السير، ولا العناوين ذات الأولوية. رغم أن هذا المقترح كان يبدو وكأنه يستجيب لتطلعات جميع الدول فإنه كان يفتقر إلى أولويات استراتيجية. فقد بدأت كل دولة تدافع عما ترغب فيه من البنود الموجودة داخل هذا المقترح الواسع وغير القابل للتنفيذ، وحتى في يومنا هذا تدافع الدول عما يتناسب مع مواقفها من هذا المقترح. والنماذج الموجودة عديمة المبادئ وملموسة ومعقَّدة وواسعة ومغايرة إلى درجة أنها تمهد لنزاعات واضطرابات جديدة بدلًا من إيجاد سبيل للحل، وقد أدى انعدام التركيز وعدم تحديد الأولويات إلى إشعال فتيل نزاعات جديدة عبر إحداث فِئات جديدة.

ويضم هذا المقترح خمسة موضوعات إصلاحية مذكورة هي: هيكلة مجلس الأمن، وحق النقض، والتمثيل الإقليمي، وفئات العضوية، والعلاقة بين الجمعية العامة ومجلس الأمن. لا شك أن كل موضوع من هذه الموضوعات ذو أهمية كبيرة، لكن المقترح أثار خلافًا في خمسة موضوعات مختلفة لعدم تحديد الأولوية بينها. وتحوَّل الخلاف إلى وضع مؤسساتي، وتعذر تناول كل موضوع كما ينبغي بسبب انحراف في المسار المطلوب.

وكل نقاش حول الإصلاح اليوم يجري على أساس تلك العناوين الخمسة في الوقت نفسه، وتستنتج كل دولة خيارات مختلفة، وتنجرف في النهاية إلى طريق مسدود. وحين يتعلق الأمر بعدد أعضاء مجلس الأمن، على سبيل المثال، يتحول الموضوع إلى نقاش منفصل، وتبدأ كل مجموعة من الدول باختيار نموذج معين لها، وفي الوقت نفسه تتدخل فئات الدول؛ فمصر مثلًا تختار النموذج المناسب لها في كل مرة، بين أفريقيا، وعدم الانحيازية، والدول العربية. والنقطة الأكثر استراتيجية هنا هي أنه لا أحد يتساءل حول الامتياز المتعلق بحق النقض في خضم كل هذه النقاشات، ولا أحد من البلدان يجرؤ

على التشكيك في العلاقة بين الجمعية العامة ومجلس الأمن ما دامت الدول تخوض معركة المصالح فيما بينها. في حين أنه ما من مقترح إلا ويجب أن يكون شاملًا واستراتيجيًا في آن واحد. ولا بد من تحديد الأولويات، وتأكيد الحتميات، والتعريف بالعناوين القابلة للمفاوضة، والكشف عن المسائل العاجلة أيضًا، وذكر ما يمكن توزيعه ضمن جدول زمني. كما ينبغي القيام بكل ذلك على أرضية ذات أساس تجريدي ومبدئي من أجل تحقيق الانسجام والتعاون بدلًا من التحريض على النزاعات والخلافات.

إذا كانت الأمم المتحدة تسعى حقًا إلى السلام والعدالة والنظام فلا بد من تناول هذه المسائل بصيغة ملموسة ومبدئية وشاملة، ويجب أن تقدِّم هذه الصيغة نظامًا عالميًا، ويجب كذلك تحديد الأولويات من بين العناوين الخمسة ووضع استراتيجيات قابلة للتنفيذ مبنية على أسس ملموسة. ولا بد من إعداد مبادئ مجردة ثم حلِّ القضايا الملموسة وإحراز تقدُّم في أداء الأمم المتحدة وفقًا للمبادئ الواردة في هذه العملية.

مقترح ذو مبدأ وشمولية واستراتيجية

مقترح ذو مبدأ يعني تحديد مبادئ عامة تخاطب الجميع بدلًا من المصالح الذاتية الضيقة للدول، وصياغة المبادئ المجردة ستضمن منع خدمة المقترح لمصالح الجهات الممثلة، ولو لم يتمكَّن المقترح الشامل مِن حل جميع المشكلات والاستجابة لتطلعات الدول كافة فإنه يقطع الطريق أمام الصراعات والخلافات والمشكلات جديدة. والأهم من كل ذلك هو أن يكون مقترح التحول استراتيجيًّا. وتتطلب صلاحية كل مقترح شامل ومجرد وقائم على الأسس عقلًا استراتيجيًّا. والاستراتيجية تعني الوصف الجيد للأهداف والأدوات والأساليب، وإقامة العلاقة فيما بينها بكل نجاح، وهو ما يعني تحديد الأولويات داخل المقترح الشامل، وترتيب المبادئ، والتعريف بالطرق والأدوات التي توصل إلى تحقيق تلك الأولويات. ويمكن القول إن مقترحًا من هذا القبيل حتى لو لم يكن مثاليًّا فإنه سينتج نموذجًا مستدامًا.

وطبعًا يمكن الإدلاء بمقترحات حلول مثالية، وقد عُرضت مقترحات عديدة لإجراء إصلاح في الأمم المتحدة في السابق، غير أنَّ هذه المقترحات إذا كانت بعيدة عن الواقع فقد تؤدي إلى نتائج وخيمة لانعدام الاستدامة فيها حتى ولو حققت العدالة، فعلى سبيل المثال قد يحلم البعض ببنية أمم متحدة تمثَّل فيها جميع الدول على قدم المساواة، وقد يكون هذا أفضل حل لمن يؤمن بأن المساواة إنما تتحقق في العدل، إلا أن ذلك كان هو الفكر السائد وراء جمعية الأمم؛ حيث كان الحلم تأسيس مجلس عالمي يسوده فِكر مشترك من خلال الاستناد إلى نظام يقوم على المساواة في الحقوق، لكنَّه مقترح ليس مستدامًا ولا عادلًا.

وإذا كان التمثيل المتساوي يعني العدالة بين الأفراد، فمِن الجليِّ جدًّا أن تكون فِكرةٌ ملخصها أن التمثيلَ المتساوي بين الجهات الفاعلة المكوَّنةِ من

مجموعات الأفرادِ هو العدالة، مؤهَّلةً للنقاش. فبينما يصل عدد سكان الصين اليوم إلى مليار ونصف مليار نسمة، لا يتجاوز عدد سكان كثير من الدول مليون نسمة. لهذا فإنَّ التمثيل المتساوي بين الدول يخلق مشكلات عدم المساواة في التمثيل بين الأفراد، ولهذا السبب فإن تحقيق التمثيل المتساوي للدول لا يعني تحقيق العدالة التلقائية في النظام العالَمي.

ومِن ناحية أخرى فقد كشف لنا تاريخ الإنسانية بوضوح أن آليةً من هذا القبيل ليست مستدامة، ولم تكن جمعية الأمم المتحدة عادلة ولا مؤثرة حتى ولو بدت أنها تقوم على مبدأ المساواة في التمثيل. وحين اندلعت الحرب العالمية الثانية اختَبرتِ الإنسانية بكل مرارة مدى عجز جمعية الأمم. ولا حاجة إلى اختبار ثانٍ. ولا يقبل أحد تطبيق الفكرة التي تدعو إلى «حكومة عالمية» ولا يمكن لهذه الفكرة أن تنجح، لأن مطالبة الدول بالتنازل عن حقوقها السيادية لمصلحة «حكومة عالمية» ما هي إلا ضرب من الخيال، وليس مِن الصواب مطالبة الدول بتسليم حقوقها السيادية إلى هيكلة يسودها الأقوياء ولا يؤثِّر فيها إلا عدد قليل من دول العالم.

لا يمكن إبقاء الأمم المتحدة تحت رحمة الدول القوية فقط، ولا يكمن الحل كذلك في جعل القوى العظمى صاحبة قرار وبصفة دائمة بناء على معايير التعداد السكاني، والاقتصاد، والقوة العسكرية، إذ يجب ألا تحصل دولة ما على امتياز عن الدول الأخرى لكثافتها السكانية فقط، كما يجب ألا تكون القوة العسكرية وحدها سببًا للحصول على الامتياز. وعلى العكس من كل ذلك يجب أن يحد أي مقترح الظلمَ الذي قد تمارسه الدول القوية عسكريًّا ضد الدول الأخرى. كما أنه مِن الممكن ألا تكون الدولة القوية اقتصاديًّا اليوم ضمن الدول الاقتصادية الكبرى غدًا. وعليه، فإن بدت المقترحات القائمة على معايير القوى العظمى مستدامة فإنها في الواقع ليست

„ يجب ألا تُترك الأمم المتحدة تحت رحمة الدول القوية فقط.

عادلة ولا مستدامة، إذ إنَّ تاريخ العالَم اختبر هذا أيضًا في القرن التاسع عشر، فنظام القوى العظمى الذي تأسس في فيينا عام 1815، والذي سمي بالوِفاق الأوروبي، أصبح مقرًّا لممارسات الظلم والاستعمار رغم أنها قللت إلى حد بعيد احتمال دخول القوى العظمى حربًا مركزية مِن خلال المناورات الدبلوماسية. ولم تقع حرب في مركز أوروبا، ولكن زُرعت بذور أول كارثة مستقبلية كبيرة خارج حدودها. والوِفاق الأوروبي الذي استطاع أن يستبدل بالصراعات بين القوى العظمى المنافسة على الاستعمار، قد أدى إلى تنامي العداء وزيادة إيرادات الدول من الاستعمار على مدار قرن كامل، أما النتيجة فكانت اندلاع الحرب العالمية الأولى.

ومقترح تأسيس جمعية الأمم عقب الحرب العالمية الأولى في الأساس كان ردًّا على الوفاق الأوروبي؛ حيث كان الهدف تأسيس نظام متساو بين الدول بدلًا من نظام الأقوياء في الوفاق الأوروبي. وبينما كان الوفاق الأوروبي يستند إلى عدم المساواة المطلق، كانت جمعية الأمم تستند إلى المساواة المطلقة. ولكن اتضح للإنسانية من خلال الحربين العالميتين أن كِلا النموذجين يمثلان مشكلة في الواقع. ولهذا السبب جاءت الأمم المتحدة نموذجًا يجمع بين هذين النموذجين، وقُدِّم على أنه نموذج جمع بين النقاط الناجحة للنموذجين.

لكنَّ الجمع بينهما لا يجلب الإيجابيات حتمًا، بل قد يجلب السلبيات في غالب الأحيان، وهو ما حدث بالضبط في نموذج الأمم المتحدة. كان الوفاق الأوروبي يبدو أكثر استقرارًا، ولكنه لم يكن عادلًا، وجمعية الأمم كانت تبدو عادلة، ولكنها لم تكن مستدامة. وقد قُدِّمت الأمم المتحدة على أنها نموذج عادل ومستدام، لكنها لم تكن عادلة ولا مستدامة؛ لأنها حققت المساواة في مجلس الأمن بدلًا من تحقيقها في الجمعية العامة.

وأضحت بذلك غير عادلة وأدت إلى احتقان المنظومة، وتحوَّلت الجمعية العامة إلى مسرح لتهدئة الدول، في حين حافظ مجلس الأمن على امتيازاته في امتلاك القوة.

أصبحت مصالح الدول القوية هي صاحبة الأولوية، مع المطالبة بانسجام الدول الأخرى معها، وقدم مجلس الأمن حقوقًا كبيرة للقوى العظمى في حين لم يوكِل إليها أي مسؤوليات، وضمنت مواقعها داخل المجلس مهما حدث. في حين أنه كان من المفترض وضع مسؤوليات على عاتق الدول لعظمى مع الحد مِن صلاحياتها. كان لا بد من جعل الجمعية العامة ذات سلطة رقابية وانتخابية على مجلس الأمن بدلًا من أن تكون مجرد منتدى بسيط، ولكنها -للأسف- أُسست على خلاف ذلك وظلت بعيدة عن تلبية تطلعات الإنسانية.

العدالة في التمثيل

أُسست الأمم المتحدة عام 1945 بتوقيع من 51 دولة فقط، أما اليوم فتضم 193 عضوًا، أي أن عدد الأعضاء تضاعف إلى أربعة أضعاف، ولم يعد من الممكن أن ينظر إليها على أنها منظمة دولية أسسها المنتصرون في الحرب العالمية الثانية، بل أصبحت الأمم المتحدة منظمة يتشارك فيها العالم بأسره. وأصبحت ألمانيا واليابان، الدولتان المهزومتان في الحرب العالمية الثانية، ثاني وثالث أكبر مساهمين في ميزانية الأمم المتحدة، وبينما تتناقص المساهمة المالية للدول الأعضاء في مجلس الأمن، مثل فرنسا وإنجلترا وروسيا، تدريجيًّا، زادت مساهمة القوى الناشئة الجديدة، إلا أنَّ الأمم المتحدة لم تتشكل وفقًا لهذه الظروف الجديدة.

يجب أن يكون مبدأ تحقيق العدالة في التمثيل أحد أهم أهداف إصلاح الأمم المتحدة، ولذا يجب إعادة هيكلة المنظمة لضمان تمثيل جغرافي عادل، فمثلًا بينما تمثل دولتان أوروبا في مجلس الأمن، نجد أمريكا الجنوبية وإفريقيا غير ممثلتين ولا حتى بدولة واحدة، وذلك رغم أن جميع سكان أوروبا لا يمثلون سوى 5٪ من سكان العالم، أما أمريكا الجنوبية، البالغ عدد سكانها أكثر من 600 مليون نسمة، فليس لديها تمثيل لأيٍّ دولة في مجلس الأمن، وكذا القارة الإفريقية البالغ عدد سكانها 1.2 مليار نسمة لم تحظَ أي دولة فيها بالتمثيل.

وثمة عامل آخر يضر بالعدالة في التمثيل، وهو أنه لا يعكس التعددية الثقافية؛ ففي حين أن أربع دول ذات أغلبية مسيحية تتمتع بحق النقض في مجلس الأمن، فإن العالم الإسلامي الذي يتجاوز معتنقوه المليار ونصف المليار نسمة غير ممثل على الإطلاق. إذن يجب أن يعكس الإصلاح الشامل والعادل التنوع الثقافي للعالم.

”بينما استمرت أمريكا في بذل جهودها لإضفاء الشرعية على العمليات العسكرية التي تختارها على أساس الأمم المتحدة، ظلت روسيا ودول أخرى تستخدم الأمم المتحدة وامتيازاتها في مجلس الأمن كما يحلو لها.

وهناك معضلة أخرى تتسبب في بروز مشكلات في التمثيل من جهة أخرى؛ وهي الديموغرافيا. ذلك أنَّ الهند والبرازيل وإندونيسيا وباكستان وحدها تشكل ربع سكان العالم، لكن لا تشكل أي منها عضوية في مجلس الأمن. وبعبارة أوضح، فإن الأعضاء الخمسة دائمي العضوية في مجلس الأمن اليوم لا يمثلون سوى ربع سكان العالم، أما باقي الأرباع الثلاثة من سكان العالم فغير ممثلين. وكان هؤلاء الأعضاء الخمسة دائمو العضوية يشكلون 60٪ من سكان العالم في عام 1945، أما اليوم فلا يمثلون سوى 26٪، أي أن 74٪ من سكان العالم مهمَّشون غير فاعلين، ويمكن للأعضاء الخمسة دائمي العضوية الذين يشكلون ربع سكان العالم فقط استخدام امتيازات حق النقض دون مساءلة أو محاسبة، وبشكل تعسفي، فهل من الممكن تحقيق العدالة بمثل هذا التمثيل؟ هل تستطيع الأمم المتحدة أن تفي بوظيفتها الحقيقية في غياب العدلة في التمثيل إلى هذا الحد؟ بالتأكيد لا. حتى إن الدعم المقدم للأمم المتحدة من قبل الدول صاحبة المقاعد الدائمة في مجلس الأمن قليل للغاية. ويبدو أن باقي الدول متفقة تقريبًا على أن الأمم المتحدة لا تؤدي وظيفتها على أكمل وجه.

كذلك نلاحظ أن هناك نقصًا في التمثيل في الأمم المتحدة على الصعيد الاقتصادي؛ ففي حين أن الأعضاء الخمسة الدائمين يغطون 42٪ من ميزانية الأمم المتحدة، فإن البلدان التي تغطي 58٪ مستمرة في تغطية الميزانية لمؤسسة ليس لها فيها حق الرأي. وإنه لمن المثير للغرابة حقيقة أن الأعضاء الأربعة الدائمين الآخرين يسهمون بنسبة 20٪ فقط في حين أن الولايات المتحدة الأمريكية تسهم بنسبة 22٪. وعلى الرغم من أن كل دولة من الدول الأربع تسهم فقط بخمس ما تسهم به الولايات المتحدة، فإنها تستفيد استفادة كاملة من جميع الامتيازات، فهل يمكن لمثل هذا الواقع أن يسهم في تكوين بنية سليمة؟

العالم اليوم ليس عالَم عام 1945، ولم تبقَ أي من المؤشرات على ما كانت عليه، فقد حدثت تغيرات كبيرة، سواء على الصعيد الاقتصادي أو العسكري أو الاجتماعي أو الثقافي أو غيره، لكن لم تؤدِّ أي من هذه التغييرات إلى تعديل ملموس في هيكلة الأمم المتحدة. ومنظمة الأمم المتحدة تتهرب من التكيف مع هذه الظروف الجديدة، وكما أنها لا تلبي توقعات العدالة فهي لا تتأقلَم كذلك مع الواقع الجديد.

إلا أن الأمم المتحدة ليست غير متوافقة مع ظروف اليوم فحسب، بل إنها -للأسف- كانت وما زالت تعاني مشكلات في العدل والفاعلية منذ تأسيسها وحتى الآن؛ فمن يمكنه الادعاء بأن الأمم المتحدة لم تكن معطلة في أثناء الحرب الباردة؟ لقد توصَّلت إلى حلول لمشكلات قليلة فقط بغض النظر عن كونها المحطة الدبلوماسية للصراع بين الولايات المتحدة والاتحاد السوفييتي، ولم ير الأعضاء دائمو العضوية أي مشكلة في استخدام حق النقض باستهتار، فاستخدم الاتحاد السوفييتي هذا الحق 90 مرة، وأمريكا 68 مرة خلال الحرب الباردة، ولم تنجح باقي دول العالم -رغم إجماعِها- في التغلب على حق نقض واحد، ففي حين رفض الاتحاد السوفييتي جميع مطالب التحالف الغربي، لم تجد الولايات المتحدة أي مشكلة في الدفاع عن ممارسات إسرائيل غير المحدودة. لقد استخدم حق النقض ضد جميع المساعي من أجل السلام والعدالة في القضية الفلسطينية الإسرائيلية، وهو ما جعل فلسطين بلا حيلة على مدى عقود مضت، فعلى الرغم من كل الاضطهاد لم تستطع الأمم المتحدة اتخاذ أي خطوة واقعية. كذلك لم تمتنع بريطانيا وفرنسا عن إظهار موقف مماثل في الأمور المتعلقة بمصالحهما الضيقة؛ وهذا ما حدث في أزمة السويس، حيث استخدم هذان البلدان على الفور سلاح «النقض» عندما تعلق الأمر بمصالحهما الوطنية. ظلَّت الأمم المتحدة محكومة بظروف الحرب الباردة خمسين عامًا.

لم يكد يلوح في الأفق أمل عقب نهاية الحرب الباردة، ولكن سرعان ما تبدد هذا الأمل، ولم تتخل القوى العظمى، وفي مقدمتها أمريكا، عن رؤية الأمم المتحدة أداةً لسياساتها الدولية، فبينما استمرت أمريكا في بذل جهودها لإضفاء الشرعية على العمليات العسكرية التي تختارها من خلال الأمم المتحدة، ظلت روسيا ودول أخرى تستخدم الأمم المتحدة وامتيازاتها في مجلس الأمن كما يحلو لها. وللأسف فإنه لم تلق مساعي البحث عن نظام جديد وعدالة جديدة اهتمامًا وعزمًا صادقًا، والأحداث التي سبقت حرب العراق عام 2003 هي واحدة من أبرز الأمثلة على ذلك؛ فمن أجل إضفاء الشرعية على غزو العراق، ادعت الولايات المتحدة امتلاك إدارة صَدَّام أسلحة دمار شامل أمام مجلس الأمن، ولكن أمريكا أظهرت أنه يمكنها أن تتجاهل شرعية الأمم المتحدة عندما فشِلت في إقناع أعضائها، وهكذا أصبحت الأمم المتحدة عديمة الفائدة.

العلاقة بين الجمعية العامة ومجلس الأمن

إذا كان هناك محاولة لإصلاح شامل ومبدئي وملموس، فينبغي النظر في إصلاح العلاقة بين مجلس الأمن والجمعية العامة، وما لم تُصحَّح هذه العلاقة لمصلحة الجمعية العامة فإن أي جهد للإصلاح لن يؤدي إلى النتائج المتوقعة، ولا يمكن تحقيق مبادئ العدالة والوظيفية، لأن الجمعية العامة تمثل جميع البلدان، أما مجلس الأمن فيضم عددًا محدودًا من الجهات الفاعلة، ومن ثم فليس هناك مبدأ سياسي واقعي أكثر من أن يكون مجلس الأمن تابعًا للجمعية العامة في قراراته، وخاضعًا لمساءلتها، وقد واجهت الأمم المتحدة المشكلات خلال سنين بسبب تأسيسها لهذه العلاقة تأسيسًا عكسيًّا، فلا يمكن أن تعد الجمعية العامة أداة لإضفاء الشرعية على قرارات مجلس الأمن، بل على العكس علينا أن نختار إصلاحًا ينتهي إلى أن تفوض الجمعية العامة، التي تمثل فيها جميع البلدان، مجلس الأمن.

إن هذا الاقتراح يتطلب الإصلاح الجذري؛ إذ يتطلب قلب كل العلاقات داخل الأمم المتحدة. وبناءً عليه سيلغي الهيكل الذي يكون فيه خمسة أعضاء دائمي العضوية متمتِّعين بسلطة غير محدودة وبانعدام للمسؤولية، وبدلًا من ذلك يؤسِّس نظامًا يضمن تشكيل مجلس أمن أكثر استجابة لمتطلبات العالم بأسره.

نموذج إصلاح كهذا لن يضع جميع الدول في نفس الكفة، ولن يمنح امتيازات لا رجعة فيها، فيجب اختيار أعضاء مجلس الأمن من الجمعية العامة، وينبغي أن تكون مدة المنصب محدودة، ويجب إزالة قاعدة العضوية الدائمة، كما يجب أن يشكل هذا المبدأ العمود الفقري لهذا الإصلاح، ويجب إلغاء حق النقض، ولهذا السبب يجب اعتماد نظام تناوب العضوية، إذ لا يمكن لدولة في مجلس الأمن أن تبقى في منصبها إلى أجل غير مسمى، أما بعد

انتهاء عضويتها فيجب أن تُرشِّح نفسها للعضوية مرة أخرى، وإذا أرادت دولة أن تنضم إلى مجلس الأمن فعليها الامتثال للقواعد التي يجب وضعها ضمن مبدأ التنافس. وعليها تبني سلوكيات تلبي احتياجات وطلبات الجمعية العامة، ولأن النظام يقوم على منطق تنافسي فإن الدول المنتخبة لمجلس الأمن لن يكون لها السلطة فحسب، بل ستكون مسؤولة كذلك.

منذ تأسيس الأمم المتحدة مُنِحت الجمعية العامة منصبًا غير فعال ومجردًا من الصلاحيات، وفي ظل هذا النظام الذي سيخدم فيه الأعضاء الخمسة الدائمون سلطتهم التشريعية بلا حدود، تركت جميع دول العالم الأخرى تحت رحمة جهة أو عدد قليل من الجهات الفاعلة في صنع القرار. فيمكن لعضو دائم واحد أن يخذل توقعات كل العالم بفضل حق النقض الذي يتمتع به، حتى إن توصلت الجمعية العامة إلى قرارات بالغة الأهمية وتوافق كبير، فهنا لا يمكن بناء إصلاح حقيقي للأمم المتحدة دون تعديل هذه النقطة، وكذلك كل الموضوعات الأخرى لن تكون ممكنة إلا بالإصلاح في هذا المجال.

الاقتراح المطروح هنا لا يختلف عن أي سعي إلى اتفاق اجتماعي، إذ يمكن أن تُعَدَّ اتفاقية الأمم المتحدة بمنزلة دستور عالمي بشكل ما، لكن هذا الدستور أَعَدَّه المنتصرون في الحرب العالمية الثانية، وتحول إلى دستور أُجبرت باقي الدول على الموافقة عليه، ولذلك يجب على أي مقترح إصلاح حقيقي عَرْض عقد الاتفاق على الطاولة أولًا وتناول القضية الأساسية في هذا الاتفاق. هذا العقد الجديد الذي سيتحقق ضمن إطار مبدَأَي العدالة والوظيفية، لا يمكنه العمل وفقًا لهذه المبادِئ إلا إذا وضع الجمعية العامة، التي تتكون من جميع البلدان وتمثل جميع البلدان، في المركز بدلًا من تركزه في جهاز يتخذ فيه أصحاب الامتياز القرارات.

”لا يمكن الاستمرار في نظام تمييزي ينظر فيه الأعضاء الخمسة دائمو العضوية باستخفاف إلى العالم بأسره، ويفرضون مصالحهم الوطنية، دون الخضوع للمساءلة ودون تحمل أي مسؤولية على مدى سنوات طويلة.

وفي الوقت نفسه في حال تشكيل مجلس الأمن من الجمعية العامة ولخدمة الجمعية العامة، فإن تحقيق مبدأ الوظيفية صالح للتنفيذ، لذلك، وقبل كل شيء، على جميع البلدان، كبيرها وصغيرها، احترام هذه المبادئ بغض النظر عن اختلافات القوى بينها، فلا يمكننا التقدم خطوة دون إعطاء الجميع حقًّا متساويًا في التصويت والترشح. هذا لا يعني تجاهل مبادئ الاستدامة والفاعلية في هيكلة الأمم المتحدة بأكملها في إطار مبدأ المساواة المطلقة، بل على العكس، فستجد الحريةُ السياسية والمنافسة مكانة لها في هذا النظام. إن الدول التي تتولى منصب السلطة التنفيذية والمسؤولية يجب أن تتنافس أولًا للحصول على موافقة الجمعية العامة، وسيظل الباب مفتوحًا لمن لديهم النية والقدرة على تحمل المسؤولية.

وإذا أردنا توضيح الأمر بشكل ملموس، فيجب تحويل الجمعية العامة للأمم المتحدة إلى ساحة عدل حيث يكون التصويت متكافئًا، ويجب انتخاب أعضاء مجلس الأمن من بين هذه الدول مع حقوق تصويت متساوية لفترات معينة. أي يجب أن تتصرف الجمعية العامة كهيئة، وأن تمتلك حق سن التشريعات، أما مجلس الأمن فيجب أن يتسلَّم وظيفته كحكومة خارجة مِن قلب الجمعية. يجب أن يُلغى نظام العضوية الدائمة والامتيازات، وأن توضع مبادئ المساواة والشفافية والخضوع للمساءلة بدلًا منها.

في الواقع يجب على الجمعية العامة أن تعمل كسلطة تشريعية، أما مجلس الأمن فيجب أن يعمل كسلطة تنفيذية، ولا يمكن تحقيق إصلاح جذري إلا بهذا.

اقتراح كهذا من شأنه إزالة أسماء البلدان المحددة من جدول الأعمال، وأن يقضي على الظلم، ويضمن المساواة في الاختيار والترشح وحرية تولي المسؤولية أيضًا، ويقضي على مشكلة العضوية الدائمة، وبدلًا من ذلك فإن

الدول التي تريد أن تصبح أعضاء في مجلس الأمن، ولديها النية والقدرة على القيام بذلك، أن تأخذ طلبات أعضاء الجمعية العامة على محمل الجد، وتقدم بيانًا للجمعية العامة، وتنفذ قراراتها، كما يجب عليها أن تتحمل المزيد من المسؤولية ليُعاد انتخابها في مجلس الأمن، وسيفرض عليها أيضًا التنافس للوفاء بهذه المسؤوليات. لا يمكن الاستمرار في نظام تمييزي ينظر فيه الأعضاء الخمسة دائمو العضوية باستخفاف إلى العالم بأسره، ويفرضون مصالحهم الوطنية، دون الخضوع للمساءلة، ودون تحمل أي مسؤولية، على مدى سنوات طويلة.

وإذا كان الإصلاح مطلوبًا حقًّا فمن غير المجدي الحديث عن مقترحات مجزأة وضيقة وإضاعة الوقت فيها، ما يؤدي إلى إهدار الطاقة. إن تقديم مثل هذا العرض بصدق ذو أهمية كبيرة ومِن شأنه منع الانقسام الموجود في الواقع الحالي.

لا يمكن الادعاء بأن هذا الاقتراح اقتراح نهائي، ولكن يجب أن يكون محط نقاش، ويجب التركيز على مثل هذه الاقتراحات الشاملة والجذرية بدلًا من الاقتراحات المجزأة. يمكن تناول مقترح الإصلاح الجذري هذا كما يمكن تناول المقترحات الشاملة البديلة، إن وجدت، من خلال المقارنة، وإذا لم تستطع الإنسانية تناول هذه القضية الآن واليوم فستكون في ضياع.

إلغاء امتياز حق النقض

مقترح الإصلاح الشامل المذكور أعلاه هو مقترح قابل للنقاش، ويمكن وضع هذه النماذج أو غيرها على جدول الأعمال وعرضها للمناقشة، ولكن يجب أن يتضمن أي مقترح مبدأ إلغاء حق النقض بصفته الهدف الأكثر استراتيجية، فمن دون إلغاء حق النقض الذي تملكه الدول الخمس لن يكون المقترح المذكور أعلاه ولا أي مقترحات شاملة قابلة للتطبيق، وعلى هذا يجب إما البدء بمساعي الإصلاح بموضوعات أخرى بدلًا مِن حق النقض، أو إضافة موضوعات أخرى إضافة إلى حق النقض، وهذا على كل حال سيعيق مساعي الإصلاح. لهذا السبب فإن الشرط الذي لا غنى عنه في الإصلاح يفرض أولًا الوقوفَ ضد حق النقض وإلغاءَه، فليس من الممكن أن نخطو خطوة إلى الأمام دون صراع شامل مع حق النقض، لذلك يجب أن يبدأ الإصلاح المذكور أعلاه أو أي جهد إصلاحي بمحاولة إلغاء حق النقض.

عند الرجوع إلى تاريخ الأمم المتحدة بأكمله سنرى، للأسف، أن حق النقض يُستَخْدَم بسهولة وفي أكثر القضايا أهمية. وللحديث بلغة الأرقام، فقد استخدِم حق النقض 249 مرة من أصل 2446 قرارًا عرضت على مجلس الأمن الدولي، وقد استخدمته روسيا 112 مرة، وأمريكا 81، وبريطانيا 29، وفرنسا 16، والصين 11. وبعبارة أخرى، فإن ما يقرب من 10٪ من القضايا التي طرحت للمفاوضات رَفضها عضو دائم أو أكثر ولم تخرج بنتيجة، ويجب ألا ينخدع أحد بـ90٪ الأخرى، فالموضوعات المعتمدة في المجلس نادرًا ما تكون حول القضايا الحرجة، فقد استُخدِم حق النقض في 10٪ من القضايا بالغة الأهمية. وهناك أمر أسوأ مِن استخدام حق النقض؛ ألا وهو التهديد باستخدام حق النقض، إذ فَقَدَتْ، للأسف، مئات القضايا التي لم تُضمَّن في هذه الإحصائية فرصتَها في المثول أمام المجلس بسبب هذا التهديد، بعد

„ ليس هناك -للأسف- أي نموذج مقترح تحت مظلة الأمم المتحدة يعتمد مبدأ إلغاء حق النقض، مع أنَّ المشكلة الأساسية الكامنة وراء الخلل الوظيفي للأمم المتحدة هي حق النقض.

أن أعلن عضو دائم واحد أو أكثر من الأعضاء الدائمين أنهم سيستخدمون حق النقض خلف الأبواب المغلقة، فيوضع العديد من القضايا السياسية والاستراتيجية على الرف قبل أن تصل إلى طاولة المفاوضات من الأساس. وبينما تنتظر عشرات الموضوعات حلًّا في السياسة العالمية، تصبح الأمم المتحدة معطلة بسبب هذه التلاعبات في مجلس الأمن، ولا يمكنها إيجاد حلول للقضايا المتعلقة بالسلام العالميّ.

إن النظام الدولي الذي أُسس عقب الحرب العالمية الثانية أصبح يتزعزع اليوم، وأصبحت المؤسسات الدولية المصممة لتنظيم السياسة العالمية عاجزة عن أداء وظائفها كلما مرت الأيام. وهذه المؤسسات، التي لم تكن عادلة على الإطلاق، أصبحت عاجزة عن الحفاظ على مواقعها الحالية. ومن ثم تعتمد الدول بشكل أقل على هذه المؤسسات، ولا تهتم بواجباتها ومسؤولياتها في هذه المؤسسات أيضًا. مع أنَّ الغرض من إنشاء هذه المؤسسات هو إرساء السلام والعدالة الدوليين. إن هذا النظام الذي أنشئ بعد الحرب العالمية الثانية كان يهدف لزيادة القدرة التمثيلية للدول والحفاظ على السلام الدولي أيضًا. ولا يمكننا القول في وضعها الراهن إنها تخدم العدالة أو إنها تؤدي واجباتها.

ليس هناك -للأسف- أي نموذج مقترح تحت مظلة الأمم المتحدة يعتمد مبدأ إلغاء حق النقض، مع أنَّ المشكلة الأساسية الكامنة وراء الخلل الوظيفي للأمم المتحدة هي حق النقض هذا، وبدلًا من ذلك يستهدف العديد من مطالب الإصلاح توسيع مجلس الأمن فقط.

أما الدول التي تريد أن ترى نفسها عضوًا في مجلس الأمن فتطالب بالامتياز، ولكن توزيع سلطات النقض لأعضاء جدد لن يفيد شيئًا إلا في جعل الوضع أكثر خطورة، وفي استمرار تعطيل الأمم المتحدة عن أدائها.

فمجلس الأمن الذي يعاني أصلًا مشكلات الاختلال الوظيفي وعدم الفعالية سيصبح أكثر اختلالًا بوظائفه بالامتيازات الجديدة، ومن ثم يجب ألا يكون هناك سعي وراء صلاحيات نقض جديدة، بل يجب إلغاء صلاحيات النقض تمامًا؛ لأن أي جهد إصلاحي دون إلغاء حق النقض محكوم عليه بالفشل.

دعكمْ مِن كل هذا، ففي حال عدم تنفيذ مبدأ إلغاء حق النقض بشكل ستراتيجي، فسيقضى على كل جهود الإصلاح التي بُنيت على مر السنين في لمح البصر، وقد يكون لدى الأمم المتحدة العديد من الجروح النازفة، لكن هذا هو الأكثر ألمًا وطلبًا للإسعاف العاجل، وما لم تُحَلَّ هذه المشكلة فلا فائدة من الاهتمام بالقضايا الأخرى، ولهذا السبب نقول «العالم أكبر من خمس». يمكن وصف العالم بصِيغ مختلفة، لكن حصره في خمس كهذه مشكلة في حد ذاته، لا أحد يستطيع أن يقول إنَّ هذه الامتيازات عادلة.

والأهم من ذلك أنه لا أحد يستطيع أن يقول إن هذه الامتيازات تجعل الأمم المتحدة أكثر فاعلية، حتى لو اجتمع العالم كله حول مشكلة تنشأ في أي جزء من العالم، فلا يمكنه تجاوز حق نقض واحد؛ لهذا السبب تُنحَّى الأمم المتحدة جانبًا في كل مرة، وتتحوَّل إلى مؤسسة جوفاء لا يثق بها أحد. لم يكن الغاية من حق النقض زيادة الاستقرار الدولي أو فعالية القوى العظمى، فحق النقض عاجز أن يؤدي إلى مثل هذه النتائج الإيجابية، بل على العكس، فهو مبني على منطق سلبي بطبيعته، إنه يسعى فقط إلى طمأنة الأعضاء الخمسة أنفسهم والقضاء على التجمعات الموجهة ضدهم، وإذا نظرتم إلى أمثلة استخدام حق النقض في تاريخ الأمم المتحدة، فسوف ترون مدى سهولة استخدام هذه البلدان لهذه السلطة وفقًا لمصالحها الوطنية.

باختصار، فإن الخطوة الأولى نحو إصلاح الأمم المتحدة هي إلغاء حق النقض، وينبغي بعد ذلك بناء الأمم المتحدة الجديدة على أساس مقترحات

شاملة وقائمة على المبادئ، ويجب في هذا الإصلاح أن تصبح الجمعية العامة الهيئة التشريعية، ومجلس الأمن الهيئة التنفيذية، ولن تبقى مشكلة صعبة الحل بعد اتخاذ هاتين الخطوتين، ويمكن الوصول إلى حل لجميع القضايا الأخرى المتعلقة بالإصلاح بعد اتخاذ هاتين الخطوتين.

مقترح قابل للتطبيق

النقد الأول الذي يتبادر إلى الذهن لمقترح إصلاح جذري كهذا سيكون حول صعوبات التنفيذ؛ ففي النظام الدولي سيكون هناك ادعاء بأن أنماط مواقف بعض الدول لن توافق على مثل هذا الإصلاح الجذري، أي إلغاء حق النقض وإعادة هيكلة الأمم المتحدة. هذا صحيح، نحن لا نتوقع أن تقبل مثل هذا الاقتراح الجذري والشامل جميع الدول تقريبًا، لكن لا يمكن الادعاء بعدم وجود فرصة للتنفيذ. وإذا كان هناك اقتراح واحد فقط لديه فرصة للتنفيذ، فهو الاقتراح الذي سيبدأ بإزالة حق النقض وتوسيع صلاحيات الجمعية العامة وفرض المسؤولية على القوى العظمى التي تريد ممارسة امتياز مجلس الأمن.

الاقتراح الوارد هنا لا يعني انتهاك الحقوق السيادية للدول، على العكس؛ فكما أنه يهدف لضمان حقوق السيادة لمعظم الدول في العالم، يهدف كذلك إلى منع أن تستخدم خمس دول فقط حقًّا سياديًّا لا تستحقه. لا ريب أن المطالبة بتقييد حقوق السيادة لجميع الدول ليست خطة مقبولة أو قابلة للتنفيذ، ولم تسفر مثل هذه المحاولات عن كثير من النتائج في تاريخ العالم. وإن عصبة الأمم لهي مثال يمكن تقديمه بشكل خاص في هذا المجال. هذا الاقتراح الذي عبر عنه الرئيس الأمريكي ويلسون بقي وحيدًا بتخلي أمريكا عنه أولًا، وأصبح فيما بعد غير فعال بسبب لامبالاة القوى العظمى الأخرى. فالدول تتجنب نقل جزء مهم من سلطتها إلى سلطة أعلى أخرى، ومن الواضح أننا سنواجه نفس الاتجاهات الآن.

قد يسيء مثل هذا الاقتراح لعدد معين من الممثلين فقط، وسيشتكي الأعضاء الخمسة دائمو العضوية في مجلس الأمن من فكرة التخلي عن حق النقض وتضييق صلاحيات وامتيازات مجلس الأمن، ومع ذلك لن يفقد

الأعضاء الخمسة الدائمون حقوقهم السيادية بسبب هذا الاقتراح فقط، بل على العكس، سيمنعون من استخدام حقهم في السيادة بشكل غير عادل نيابة عن العالم، مثل هذا الاقتراح لا يستولي على أي حق للدول، ويوصي فقط بأن تكون الأمم المتحدة الحالية أكثر عدلًا وفعالية. ولا يتنبأ بنتائج سلبية، بل يُتوقع منه نتائج إيجابية، لذلك فهناك فرصة لقبوله.

كما ذكرنا من قبل، يمكن ذكر ثلاث مجموعات رئيسية يتعلق بها إصلاح الأمم المتحدة؛ المجموعة الأولى هي خمسة أعضاء دائمي العضوية. والمجموعة الثانية هي G4، وهم الممثلون الذين يطالبون بالعضوية الدائمة ويعتقدون أن هذا الطلب على وشك تحقيقه. والمجموعة الثالثة والأكبر هم أعضاء الأمم المتحدة خارج هذه البلدان التسعة. بعبارة أخرى لا تستخدم حق النقض ولا تحلُم بحق النقض.

إذا أريد إجراء إصلاح من القاعدة إلى القمة فيجب على هذه المجموعة الواسعة من البلدان أن تدَع جانبًا قضايا الإصلاح الخلافية والمثيرة للانقسام والغارقة في التفاصيل، وأن تسعى إلى إلغاء امتيازات حق النقض. يمكن لمجموعة «الاتحاد من أجل توافق الآراء»، وتركيا عضو فيها، إنشاء تحالف يوحد البلدان التي لا تحلم بامتياز حق النقض. وفي الواقع إذا تمكنت هذه المجموعة الكبيرة من تجاهل التفاصيل داخلها، وتوحدت لغرض إزالة حق النقض فقط، فلن يكون أمام مجموعة الدول الأربع إلا الانضمام إليها، لأن هذه البلدان، التي تدرك أنها لا تستطيع الحصول على امتيازات من بلدان D5، لن ترى أي مشكلة في الانضمام إلى مجموعة «الاتحاد من أجل توافق الآراء»، حيث ستعتقد أنه لا معنى للاحتفاظ على الأقل بامتياز لا تتمتع به الدول الخمس. لكن يجب على مجموعة «الاتحاد من أجل التوافق» أولًا وضع حد للانقسامات داخل نفسها.

تعد تركيا من أشد المؤيدين لمجموعة «الوحدة من أجل التوافق»، إذ تتمتع بهيكل يتضمن مشاركة واسعة وتعددية. إن مجموعة تتمتع بهذه الشرعية هي فقط التي يمكن أن يكون هناك مبرر لجهودها الإصلاحية. لمجموعة الإفريقية على سبيل المثال محقة تمامًا -بلا ريب- في المطالبة بحقوقها الضرورية، ولكن ليس لديها فرصة لجر الدول الأخرى وراءها نظرًا لأنها تركز على إفريقيا فقط، ومن ناحية أخرى فإن توقعات مجموعة G4 لا يمكن أن تقبلها أي مجموعة دول أخرى. والطريقة الوحيدة لمثل هذه المجموعات هي الانضمام إلى مجموعة «الاتحاد من أجل توافق الآراء». إن المجموعة التي تضم دولًا من كل منطقة، وكل مجموعة سكانية، وكل مستوى من مستويات التنمية، وكل قارة، لتبني أساسًا واسعًا للشرعية ومن ثم تصبح تعددية أيضًا. بهذه الطريقة ستكون فرصة الإجبار أكبر بكثير.

وقد أظهرت مجموعة التوافق أنها أفضل أرضية بهذا المعنى، وذلك بفضل مطالبها وتوقعاتها والخطوات التي اتخذتها حتى الآن. مجموعة الاتحاد هي في المقام الأول ضد التنازلات، ولا تزال خطتها هي الخطة الأكثر تعددية.

تتمتع هذه المجموعة بأكبر فرصة للاحتوائية، حيث إنها تسعى إلى مقترحات لا تتعلق بالدول الإفريقية فقط أو الأوروبية فقط، وبفضل هذا تمكنت من عقد اجتماع من 120 دولة في قمة روما. إن انضمام بلدان من G4 وإفريقيا وجميع القارات الأخرى إلى مثل هذا الجهد سيجعل هذه الأرضية أقوى.

على الرغم من أن مجموعة «الاتحاد من أجل التوافق» قد أنتجت أعدل اقتراح قُدِّم على الإطلاق فإنه لا يمكن القول إنَّ هذا الاقتراح خال من المشكلات. فبادئ ذي بدء، يمكن أن تعد فكرة توسيع مجلس الأمن على أساس التناوب فكرة أكثر إنصافًا، ومع ذلك فمن المحتمل أن يسبب هذا

الاقتراح مشكلات من حيث وظيفته، فبطريقة ما هذا الاقتراح يعني عضوية جديدة، وربما يؤدي إلى مجلس أمن أكثر تعقيدًا، والمشكلة الرئيسية أنه لن يؤثر في صلاحيات النقض.

ومع ذلك، فإن أفضل أرضية يمكن أن تتفق عليها مجموعة «الاتحاد من أجل التوافق» هي تقييد صلاحيات النقض، وقد تكون هناك العديد من الصعوبات في السعي إلى توافق في الآراء بشأن جدول أعمال إيجابي، ولكن سيكون من الممكن بالتأكيد الحفاظ على موقف مشترك ضد امتياز حق النقض. نعتقد أن الغرض الرئيسي لمجموعة «الاتحاد من أجل التوافق» أن تكون ميدانًا مفتوحًا للنقاش، ولكن في الوقت الحالي يجب أن يكون تركيزها الأساسي على محاربة حق النقض، فلن نصل إلى نتيجة قطعية ما لم تُواجَه هذه المشكلة أولًا.

السؤال الأول والأهم الذي سيتبادر إلى الذهن هنا سيكون حول تنفيذ الاقتراح، فبغض النظر عن مدى العدالة والمنطقية والاستدامة والفعالية والشمولية لمثل هذا الاقتراح، سيكون هناك من يدعي أنه لا يتوافق مع الواقع، لأنه في نهاية المطاف حتى لو اجتمعت كل دول العالم باستثناء الدول الخمس، فليس من المتوقع قبول أي إصلاح دون إقناع الأعضاء الخمسة دائمي العضوية، وإن الأعضاء الخمسة دائمي العضوية في مجلس الأمن سيرفضون -بلا ريب- الاقتراح الذي يسعى إلى إلغاء امتيازاتهم بحق النقض، وبلا شك سيستخدمون حق النقض، لذلك يمكن النظر إلى هذا الاقتراح على أنه اقتراح مستحيل من وجهة نظر قانونية.

إلا أن القضية أبعد بكثير من كونها قضية قانونية ومؤسسية، على العكس من ذلك فإن قضية الإصلاح هذه ليست قضية قانونية، بل هي قضية سياسية ودبلوماسية. لهذا السبب حتى لو رفض أعضاء مجلس الأمن نموذج إصلاح

„ يكفي أن يتخذ العالم قراره ويصرخ بأن العالم أكبر من خمس، وليكن نقض هذا القرار بالفيتو عارًا على الدول الخمس هذه.

ناجحًا في المجال السياسي والدبلوماسي، فإن الحقائق السياسية قد تضمن ظهور قانون جديد. وإذا تمكنت غالبية أعضاء الجمعية العامة للأمم المتحدة من الاتفاق على اقتراح على الرغم من الأعضاء الخمسة دائمي العضوية، فإن مجلس الأمن سيفقد شرعيته أولًا، حتى لو احتفظ بأرضيته القانونية.

المشكلة الرئيسية هنا هي ضمان تعاون عدد كاف من البلدان، فمن المعروف أنه كلما زاد عدد المشاركين ضعفت إمكانية التعاون، فقد تفضل الكثير من الدول البقاء على الهامش في أحوالٍ كهذه، وتحقيق ربح بدلًا من المخاطرة من خلال الانحياز، لكنْ ليس من المستحيل إنتاج موقف مشترك حول هيكل مؤسسي بالفعل، حول بند واحد من جدول الأعمال، وخاصة حول قضية قد تكون مصدر استياء مشترَك لجميع المشاركين.

وفقًا لاتفاقية الأمم المتحدة يجب تحقيق أغلبية الثلثين في الجمعية العامة كي تتخذ الأمم المتحدة أي قرار ملزم، وبعد ذلك يجب قبوله في مجلس الأمن دون استخدام حق النقض لأي دولة؛ لذلك فإن الخطوة الأولى تبدأ مِن الحصول على أغلبية الثلثين. قد يُعتقد أن مثل هذه الأغلبية لا يمكن تحقيقها بسبب مشكلة العمل المشترك، لكن حقيقة الأمر ليست كذلك. فقد أظهر اجتماع روما 2011 أن مجموعة «الاتحاد من أجل الإجماع» تمكنت من جمع 120 دولة، وإذا كان من الممكن لهذا العدد من البلدان أن يجتمع حتى على جدول أعمال مجزأ وجدول أعمال غير واضح وفرصة النجاح فيه منخفضة للغاية، فليس من المستحيل إذن تحقيق أغلبية الثلثين، أي أكثر من 130 دولة، في اجتماع يضع مسألة حق النقض فقط على جدول الأعمال.

قد تتاح للقمة التي ستعقد حول بند واحد من جدول الأعمال فرصة اتخاذ قرار مشترك، أو على الأقل يجب تنظيم مثل هذه المساعي. قد يستغرق عقد مثل هذه القمة سنوات عديدة، ولكن حتى الحديث عن القضية لسنوات

على جدول أعمال واحد يمكن أن يتحول إلى عامل ضغط مهم. فإذا نجحت مجموعة «الاتحاد من أجل التوافق» في جمع كثير من البلدان حتى على أجندة فوضوية، فسيكون من الأسهل بكثير الالتفاف حول قضية مثل حق النقض.

المشكلة الرئيسية هنا، بطبيعة الحال، أنه حتى في حال اتخاذ مثل هذا القرار وإجراء مثل هذا التصويت في الجمعية العامة بسلاسة فلا يزال من الممكن مواجهة حق النقض في مجلس الأمن. وعلى الأرجح سوف يواجه حق النقض. تُظهر لنا الاتجاهات الحالية على الأقل لدول D5 أنها فضلًا عن التنازل عن امتيازاتها مستاءة حتى من الحديث عنها. وعلى هذا يمكن بالطبع رفض أي قرار تتخذه الجمعية العامة في مجلس الأمن. ومع ذلك يجب أن يذكر بوضوح أنه قد يكون لمثل حق النقض هذا عواقب. فعلى الرغم من أن الدول التي تشكل ثلثي الجمعية العامة قد وافقت على قضية ما، فإن استمرار استخدام حق النقض يجعل الأمم المتحدة غير شرعية بالكامل، ويقضي عليها. ما يجب القيام به في الواقع هو انتظار استخدام حق النقض (الفيتو) على هذا القرار بعد الحصول على أغلبية الثلثين. يكفي أن يتخذ العالم قراره وأن يصرخ بأن العالم أكبر من خمس، وليكن نقض هذا القرار بالفيتو عارًا على الدول الخمس هذه.

لذلك حتى في حال الرفض فسيُكشَف عن أنه لم يعد من الممكن الحفاظ على الأمم المتحدة في شكلها الحالي، بناء على أنه لا يمكن إحراز تقدم بدون هذا الإعلان، فربما يكون مجرد الكشف عن ذلك غاية كافية.

في الختام، يجب الآن تحديد ما يلي بوضوح: لم تكن الأمم المتحدة عدلة أو فعالة طوال تاريخها بسبب امتياز النقض. واليوم، نواجه مشكلات أكثر حرجًا. إن الحاجة إلى الإصلاح تبدو ماسة بكل وضوح، ولا تستطيع الأمم المتحدة خدمة الإنسانية ولا إعالة نفسها دون تلبية هذه الاحتياجات،

ولهذا السبب جاء التعبير عن الحاجة إلى الإصلاح طوال سنوات. ومع ذلك فلأن مقترحات الإصلاح المطروحة التي تركز على المصالح الضيقة للدول، مفصَّلة وواسعة للغاية، فإنها تغرق في التفاصيل وتخلق انقسامات جديدة.

وإذا كانت الأمم المتحدة ستخضع للإصلاح بالفعل، فمن الضروري العمل على أساس شامل ومبدئي، وعليها أن تتجنب تقديم تنازلات جديدة، وأن تتصرف بذهنية استراتيجية يمكنها التركيز على البنود الرئيسية لجدول الأعمال.

ومن أجل أمم متحدة أكثر عدلًا وفعالية، فإن مِن الضروري تضييق صلاحيات مجلس الأمن وتوسيع صلاحيات الجمعية العامة، إلا أنَّ تحقيق إصلاح كهذا يقتضي التركيز أولًا على حق النقض، وفي حال إلغاء حق النقض للأعضاء الدائمين في مجلس الأمن، فلن يكون من الممكن السعي مِن أجل أي إصلاح. تُظهر لنا التطورات التي حدثت في السنوات الأخيرة بوضوح أنه على الرغم من صعوبة إلغاء حق النقض قانونًا، فإن هناك فرصة لتحقيق ذلك سياسيًّا. يكفي ألا تضيع نقطة التركيز. قد تجد غالبية دول العالم صعوبة في الاجتماع على جدول أعمال إيجابي، لكن من الممكن للغاية التشكيك في امتيازات الدول الخمس؛ لذلك لا بد أن يكون هذا هو البند الأول من جدول الأعمال. يجب على غالبية دول العالم أن يجتمعوا ويتخذوا قرارًا بشأن هذه النقطة: العالم أكبر من خمس.

الخاتمة

ونحن نحتفل بالذكرى السادسة والسبعين لتأسيس منظمة الأمم المتحدة نمر بفترة حرجة جدًّا من التحول الدولي. وكما أن الذكرى السنوية فرصة للاحتفال فهي في نفس الوقت فرصة ثمينة للمحاسبة أيضًا. وأتمنى أن تتيح الذكرى السادسة والسبعون لتأسيس منظمة الأمم المتحدة فرصة لتقييمها من قِبل العالم أجمع. ونحن كمجتمع بشري نواجه العديد من المشكلات التي تؤثر على صحتنا واقتصادنا وسلامنا الاجتماعي ومستقبلنا وفي مقدمتها وباء (كوفيد-19). إننا نواجه أزمة إنسانية صعبة حيث يحتاج مائة وسبعون مليون شخص في جميع أنحاء العالم إلى المساعدة والحماية. وبينما تجاوز عدد الذين يعانون من الجوع ثمانمائة وعشرين مليون شخص اضطر أكثر من سبعين مليون شخص إلى مغادرة منازلهم بسبب الصراع والقمع. وللأسف فإن جائحة (كوفيد-19) زادت من المظالم وغياب العدل في العالَم. ونحن بصفتنا الدولة التي تقدم أكبر قدر من المساعدات في العالم من حيث الدخل القومي، فإننا نحاول التخفيف من المشكلات التي تسببها الجائحة بكل الإمكانيات المتاحة لنا.

وبينما نحاول تلبية حاجات مواطنينا في هذه الفترة فقد أرسلنا مساعدات ومعدات طبية إلى 146 دولة في العالم بغض النظر عن الدين أو اللغة أو العرق أو القارة. إن الجشع والطمع في مكاسب أكثر والتركيز على القوة والاستمرار في الاستعمار بأساليب جديدة؛ من أكبر العوائق أمام توزيع العدل في النظام العالمي. والدليل على ذلك هو الاستقرار الذي لم يُتمكَّن مِن تحقيقه في مناطق مختلفة من العالم وفي مقدمتها سوريا وفلسطين واليمن وأفغانستان.

وعلى الرغم من الادعاءات المطروحة فإنَّ منظمة الأمم المتحدة لم تتمكَّن مِن منع الصراعات ولا القضاء على الصراعات القائمة. إننا نرى جميعًا أنه لا يمكننا التغلُّب على مشكلات اليوم بواسطة مؤسسة أنشأت بما يتوافق مع حاجات العصر الماضي. ولإعادة تنشيط النظام في بنية الأمم المتحدة علينا أولًا إخضاع مجلس الأمن إلى الإصلاح. إن هيكل مجلس الأمن الذي يترك مَصير ما يقرب من ثماني مليارات شخص في العالم تحت رحمة خمسة بلدان ليس عادلًا ولا مستدامًا.

إن إقامة هيكلة مجلس الأمن على الديمقراطية والشفافية والخضوع للمساءلة والتمثيل العادل للدول أضحت ضرورة وليس خيارًا للبشرية. كما أنَّ تعزيز وتنشيط الجمعية العامة للأمم المتحدة سيسهمان في حل الكثير من مشكلاتنا.

عند تقييم النتائج الجديدة التي أظهرها وباء (كوفيد-19) نجد أن هنالك تحولًا شاملًا في النظام العالمي. وفي الوقت نفسه يجب النظر إلى هذا الموضوع على أنه تحدٍّ جديد. وإن كل تحوُّل ليجلب تحديات كبيرة ولكنه في المقابل يقدِّم فرصًا كثيرة. فكل أزمة جديدة تساعد على استخراج الدروس مِن الأزمات السابقة وتقدِّم فرصًا جديدة يستفاد منها في المستقبل.

إننا لسنا عقب الحرب الباردة ولا بعد الحرب العالمية الثانية ولا بعد الحرب العالمية الأولى. نحن نشهد ولادة عالم جديد. وإن هذا العالم لجديد ليحتوي على تعددية الأقطاب، إلا أنَّ تعددية الأقطاب الجديدة هذه لا تضمن السلام والأمن والاستقرار. إن إرساء السلام والأمن والاستقرار لا يتطلب سوى العمل المشترك والتفكير المشترك وإعادة تصميم المستقبل.

لكن عند النظر بصورة عامة إلى الوضع العالمي فإننا وللأسف نشاهد صورة مشابهة للصورة ما قبل الحروب الكبرى. غير أنَّ الوضع في هذه المرة

أكثر تعقيدًا وغموضًا وفوضى. إنَّ المشكلات مثل الوباء العالمي والهجرة العشوائية والإرهاب الدولي والاحتباس الحراري والجوع والجفاف والظلم والنمو المستدام والدول الفاشلة والحروب الأهلية باتت تُهدِّد البشرية جمعاء. وفي الآونة الأخيرة أُضيف التوتر بين الدول إلى هذه القائمة. تُظهر لنا العديد من الظواهر ابتداء مِن الحروب التجارية إلى الاضطرابات الدبلوماسية، ومِن تزايد العنصرية إلى الشعبوية الرجعية، خطرًا لِتصاعد الصراع عالمي. وإن منطقة الشرق الأوسط وشمال إفريقيا أصبحت مركزًا للصراعات ولخلافات الدولية والتطرف منذ 2011 وحتى يومنا هذا. وآليات الإدارة العالمية للأسف لا تقوم بالمسؤوليات الملقاة على عاتقها في التغلب على هذه المشكلات.

في الواقع أنه يجب البحث في الجذور التاريخية عن أسباب الاضطرابات القائمة في النظام العالمي. فهذا النظام الذي وُضع حجره الأساس أثناء الحرب العالمية الأولى في إطار مصالح الدول الغربية لم يكن عادلًا ومستدامًا على الإطلاق. ولأن هذا النظام يقوم على أساس الظلم والاضطهاد فإنه لم ينجح في إرساء الأمن السلام. وعلى هذا واجهت البشرية بعدها الكارثة الكبرى الثانية. وكانت هذه إحدى أكبر الكوارث التي صنعها الإنسان. واليوم، في بداية القرن الحادي والعشرين، يجد المجتمع الدولي نفسه مرة أخرى على أعتاب كارثة جديدة على الرغم من مرور كل هذه السنوات.

وما يحدث في العالم الإسلامي أفضل مثال على ذلك. فمِن جهة تصارِع فلسطين منذ مائة عام تقريبًا مِن أجل البقاء على الرغم من كل ما تتعرض إليه من الظلم والاضطهاد. ومن ناحية أخرى أصبح الناس من أراكان إلى سوريا وفي أجزاء كثيرة من العالم رهينة الصراع مع حكامهم أو التدخلات الدولية. لا يمكن توقُّع عدم انفجار أزمة عالمية بعد كل هذا الظلم. فهناك حروب أهلية في أراضي العديد من الدول التي تواجه أزمة عميقة في الشرق الأوسط.

”سوف توجِّه هذه المشكلات العالَمية ضربة لنا جميعًا إن انعدَم التعاون والتنسيق؛ لهذا نحتاج إلى مؤسسات دولية أكثر عدلًا وفاعلية.

وأوساط الحروب الأهلية تشكِّل مصدرًا للمشكلات مثل الإرهاب والهجرة والتي تعد من أهم بنود جدول الأعمال في الفترة الأخيرة. ويضطر الكثير من الأشخاص الذين لا يجدون فرصة الحياة الإنسانية في أوطانهم إلى الهجرة إلى بلد آخر أو منطقة أكثر أمنًا. وبينما يقع البعض في أحضان المنظمات الإرهابية يفقد الآخرون أرواحهم في البحار نتيجة غرق القوارب التي يستقلونها. وإن مأساة جسد الطفلة الصغيرة الذي ضرب الشاطئ لتدمي قلوبنا.

نشهد هذه المآسي في حزن شديد غير أنَّ الدول الغربية التي نراها مؤسِّسةَ هذا النظام الفاسِد تصدُّ هؤلاء الفارين مِن اليأس عن عتبات أبوابها. حتى ولو دخلوا هذه البلدان بطريقة أو بأخرى فإنهم يصبحون عرضة لمعاداة الأجانب أو ما هو أسوأ وهو معاداة الإسلام. إننا نستضيف في وطننا 4 ملايين لاجئ بسبب الحرب الأهلية في سوريا. ومع هذا فان الدول الغربية صمَّاء وعمياء تجاه هذه الحقيقة. وعلى الرغم من كل مقترحات التعاون التي قدمناها حول هذا الموضوع إلا أنهم لم يُبدوا أيَّ مساعٍ واقعية. وكذا على الرغم من إدراك حلفائنا في الغرب أن الإرهاب يمكن أن يؤثر عليهم، فإنهم لم يتخلوا عن موقفهم المنافق تجاه الإرهاب. إن هذا الفساد المسمى بالإرهاب ليضرب اليوم تركيا، وسيضرب فرنسا غدًا، وأمريكا فيما بعد. لا يمكن معالجة هذه المشكلة العالمية إلا بالجهود العالمية. ولهذا السبب نقول بإصرار: سوف توجِّه هذه المشكلات العالَمية ضربة لنا جميعًا إن انعدَم التعاون والتنسيق؛ ولهذا نحتاج إلى مؤسسات دولية أكثر عدلًا وفاعلية.

يجب علينا إقامة عدالة عالمية. وستواصل تركيا عزمها على الوقوف ضد كل هذه المظالم. وستظل حاملة الراية السعي لتحقيق الأمن والسلام في العالم. ستتخذ التدابير اللازمة لمشكلاتها الأمنية مِن جهة وستبحث عن طرق لزيادة نموها الاقتصادي وإضفاء الطابع المؤسسي عليه. إنَّ محاربتنا

للإرهاب جليَّة. إننا نحارب المنظمات التي تستهدف الإنسانية كما نحارب المنظمات الإرهابية التي تهدف إلى تقسيم بلادنا.

إن أهم مشكلة في كل المؤسسات التي تم إنشاؤها من أجل السلام والاستقرار في العالم تتمركز في انعدام العدالة والوظيفية. ولا شك أن الأمم المتحدة تأتي في مقدمتها. يمكن أن تكون الأمم المتحدة مؤسسة أنشأتها الدول المنتصرة بعد الحرب العالمية الثانية، غير أنها اليوم تعتبر المؤسسة ذات المشاركة والشرعية الأوسع بأعضائها والبالغ عددها 193 دولة. لم تتمكن الأمم المتحدة للأسف وعلى مدى التاريخ من إنجاز المهام الواقعة عليها. لأنها أُنشئت بشكل غير عادل على أرضية نظام دولي غير عادل. ومن أجل هذا فليس لها أي فرصة لحل مشكلات البشرية جمعاء.

إن هذا ليس ما نتحدث به نحن فقط. فجهود الإصلاح تُذكر منذ سنوات طويلة. لكن هذه الجهود أيضًا علِقت في نقاشات عقيمة. فالكثير من جهود الإصلاح هذه تحوَّلت إلى مقترحات أنانية لدول أو مناطق معينة تطمع في أن تصبح أعضاء في مجلس الأمن. أما المقترحات الشاملة حول هذا الموضوع فوجدت صعوبة في تحديد نقطة محورية بسبب عدم وجود الرؤية الاستراتيجية. وجرى أثناء مناقشة القضايا الثانوية استبعادُ أهم القضايا الحيوية من جدول الأعمال.

إننا ندافع عن ضرورة تناول مسألة الإصلاح بجدية أكبر. وإن لم نخطُ الخطوة الأولى اليوم فلن يكن ذلك ممكنًا غدًا. إننا نعتقد أنه ينبغي تقديم مقترحات شاملة وجذرية ومبدئية واستراتيجية. والمقترح الذي طرحناه لهذا الهدف يلامس أهم نقطة في الأمم المتحدة.

ونذكر هنا أنه يجب إخراج مجلس الأمن من الجمعية العامة للأمم المتحدة مِن أجل القضاء على مشكلات انعدام النظام والوظيفية. ونعتقد أنه ينبغي تحديد الجمعية العامة بنظام التناوب والطابع التنافسي.

لكننا نعلم أيضا أن الشرط الأساسي لتحقيق أي مقترح إصلاحي هو مواجهة مشكلة العضوية الدائمة وحق النقض (الفيتو). وما لم يتم تناول حقِّ النقض (الفيتو) بل إلغائه تمامًا فستبوء كل مقترحات الإصلاح الأخرى بالفشل. يجب أولًا إلغاء امتياز حق النقض (الفيتو)؛ ولهذا السبب ندعو إلى عقد اجتماعات بمشاركة واسعة ومناقشة حق النقض للأعضاء الدائمين فقط.

إننا نؤمن بوجود الظروف المناسبة لهذا، ونؤمن كذلك بالقدرة على تحقيق هذا الهدف. ومن حيث المبدأ، فليس من الصعب أبدًا اجتماع كافة الأعضاء مِن أجل بندٍ يصوِّت عليه جميع الأعضاء باستثناء الأعضاء الدائمين. فإذا تم سابقًا عقد اجتماع شاركت فيه 120 دولة، فمن الممكن تنظيم اجتماع تشارك فيه أكثر من 130 دولة وهي التي تشكل أغلبية ثلثي الجمعية العامة للأمم المتحدة. وكما يمكن المطالبة بإلغاء حق النقض في هذا الاجتماع.

وبالطبع سيُنقض هذا القرار مِن قِبل الأعضاء دائمي العضوية في مجلس الأمن. إلا أنَّ هذا سيظهِر فقدان مجلس الأمن لِكامِل شرعيته. ولا يمكن أن تتحقق عملية شاملة جذرية إلا بهذا الشكل.

لعل هذا ما تحتاج إليه البشرية. وما دامت الدول الأخرى قد فشلت في الاتحاد فلن تتخلى البلدان دائمة العضوية عن امتيازاتها. ولا يمكن استبدال هذا النظام غير العادل وغير الفعال بنِظام أفضل دون إلغاء هذا الأمر. ولهذا السبب نقول إنه يجب علينا أولًا إلغاء هذه الامتيازات. نقول: إنه لا يمكننا تسليم العالم لأطماع ومصالح وأهواء هذه الدول الخمس. نحن مجبرون على تحقيق هذا الهدف.

وبكل إصرار نواصل القول: إن العالم أكبر من خمس.